Berdiri di Jurang untuk Negara-negara

- 320 Titik Doa Strategik untuk Tujuh Gunung Pengaruh

Pengawasan Syafaat 40 Hari untuk Gereja, Pemimpin, dan Penubuhan Kerajaan Tuhan di Negara-negara

Menggerakkan 10 juta Pendoa Syafaat untuk Siri BANGSA-BANGSA | 2

Oleh

Zacharias Godseagle ;
Amb . MO Ogbe ;
C . Ladi Ogbe ·

Table of Contents

HAK CIPTA © HALAMAN

Berdiri di Jurang untuk Negara-negara
320 Titik Doa Strategik untuk Tujuh Gunung Pengaruh - Pengawasan Syafaat 40 Hari untuk Gereja, Pemimpin, dan Penubuhan Kerajaan Tuhan di Negara-negara

Menggerakkan 10 juta Pendoa Syafaat untuk Siri BANGSA-BANGSA | 2

PENGARANG
Zacharias Godseagle
Duta Isnin O. Ogbe
Comfort Ladi Ogbe

PENERBIT
Zacharias Godseagle dan Kementerian Godseagle Diterbitkan oleh: **Zacharias Godseagle**
Hubungi - https://www.otakada.org
ambassador@otakada.org
Tel/SMS +13024922440;
Whatsapp +2348032835348

NOTIS KITAB SURAT KUDUS
Melainkan dinyatakan sebaliknya, petikan Kitab Suci diambil daripada terjemahan Bahasa Inggeris yang biasa digunakan. Penekanan telah ditambah di beberapa tempat untuk kejelasan dan fokus kepada kebaktian.

MAKLUMAT PERCETAKAN
Dicetak di Amerika Syarikat
Edisi Pertama

Dedikasi

Buku ini didedikasikan terutamanya kepada **Tuhan Yesus Kristus** , Imam Besar abadi yang sentiasa menjadi syafaat bagi umat-Nya.

Ia dipersembahkan sebagai rasa syukur kepada **Roh Kudus** , yang bimbingan, keyakinan, dan kuasa-Nya memungkinkan semua syafaat sejati.
Saya juga mendedikasikan karya ini kepada ramai orang percaya di seluruh dunia yang setia berdiri di celah untuk Gereja dan untuk bangsa-bangsa. Doa-doa anda, yang sering tidak kelihatan dan tidak didengari oleh manusia, diketahui dan dihormati oleh Tuhan.

Akhir sekali, buku ini didedikasikan kepada keluarga saya, yang telah memberi sokongan, kesabaran, dan galakan yang berterusan untuk tugasan ini selama ini.

Semoga sumber ini menguatkan semua yang memikul beban doa dan memberi inspirasi kepada lebih ramai lagi untuk bangkit dan berdiri di celah jurang demi tujuan Tuhan di bumi.

PENGHARGAAN

Aku mengucapkan rasa syukur yang mendalam kepada **Tuhan Bapa, Tuhan Yesus Kristus, dan Roh Kudus** , yang bimbingan, rahmat, dan kuasa-Nya telah menopang tugasan syafaat ini selama dua puluh tahun yang lalu. Tanpa rahmat dan pimpinan-Nya yang berterusan, perjalanan ini tidak akan dapat dilalui.
Saya amat berterima kasih kepada **keluarga saya** , terutamanya isteri saya, yang kekuatan, iman, dan ketabahan mereka sepanjang peristiwa yang memulakan perjalanan ini pada tahun 2006 menjadi pintu gerbang kelahiran tugasan ini. Sokongan dan kesabaran anda selama ini telah menjadi sumber galakan yang berterusan.

Saya juga mengucapkan terima kasih kepada ramai **orang percaya dan pemberi syafaat** yang telah setia memikul beban doa bersama saya. Ramai daripada individu-individu ini masih tidak kelihatan dan tidak dikenali oleh dunia yang lebih luas, namun doa mereka sangat penting dalam mengekalkan pengawasan syafaat ini untuk Gereja dan negara-negara.

Penghargaan saya juga ditujukan kepada para **pastor, pemimpin gereja, dan pelayanan** yang bekerja dengan setia untuk menjadikan murid dan memajukan injil Yesus Kristus. Komitmen anda terhadap pekerjaan Kerajaan terus memberi inspirasi dan menguatkan tubuh Kristus.

Akhir sekali, saya mengucapkan terima kasih kepada semua yang akan mengambil bahagian dalam doa ini melalui penggunaan panduan ini. Semoga Tuhan menguatkan tangan anda, memperdalam iman anda, dan memberi anda kuasa untuk berdiri dengan setia di celah untuk Gereja dan negara-negara.

Duta Isnin O. Ogbe
Zacharias Godseagle

TENTANG BUKU INI – Berdiri di Jurang untuk Negara-negara

320 Titik Doa Strategik untuk Tujuh Gunung Pengaruh

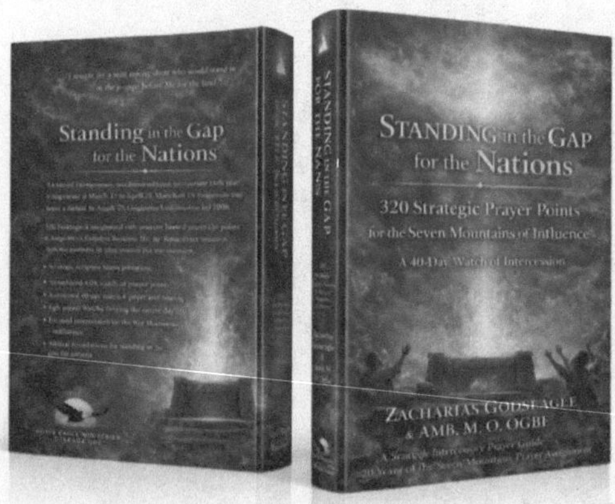

Pengawasan Syafaat 40 Hari untuk Gereja, Pemimpin, dan Penubuhan Kerajaan Tuhan di Negara-negara

Menggerakkan 10 juta Pendoa Syafaat untuk Siri BANGSA-BANGSA | 2

Selama lebih dari dua puluh tahun, seruan kenabian untuk syafaat telah membentuk tugasan doa yang unik untuk Gereja. Pada tahun 2006, semasa musim krisis yang sangat peribadi ketika isterinya menjalani kecemasan perubatan yang mengancam nyawa di London, **Duta Besar Monday O. Ogbe** mengalami pertemuan yang mendalam dengan Tuhan.

Dalam saat ketidakpastian dan penyerahan diri itu, Tuhan meletakkan mandat yang jelas di hatinya:

"Berdoalah untuk Gereja-Ku dan berdoalah untuk para pemimpin bangsa -bangsa di mana pun mereka berada di tempat yang berpengaruh."

Dari pertemuan itu muncullah tugasan syafaat seumur hidup untuk Gereja dan untuk bangsa-bangsa—khususnya untuk mereka yang melayani dalam **Tujuh Gunung Pengaruh** :

• Agama
• Keluarga • Pendidikan • Kerajaan • Media dan Komunikasi
• Seni dan Budaya • Perniagaan dan Ekonomi

Sfera-sfera ini membentuk nilai, hala tuju, dan keputusan masyarakat dan negara. Apabila orang percaya berdoa secara strategik untuk bidang-bidang ini, mereka mengambil bahagian dalam karya transformasi Tuhan di bumi.

Bermula pada **tahun 2006** , musim doa dan puasa yang suci ini telah disambut dengan setia setiap tahun dari **17 Mac hingga 25 April** . Apa yang bermula sebagai tindakan ketaatan peribadi secara beransur-ansur menjadi doa syafaat yang berterusan yang dibawa oleh orang percaya yang berkongsi beban untuk berdoa bagi Gereja dan bagi bangsa-bangsa.

Kini, **dua puluh tahun kemudian** , buku kecil ini telah disediakan untuk membantu orang lain mengambil bahagian dalam tugasan yang sama. Ia juga sedang diterjemahkan ke dalam **lebih daripada 50 bahasa** , dengan visi untuk menggerakkan gerakan sedunia yang terdiri daripada **10 juta pendoa syafaat** .
Jadilah sebahagian daripada gerakan syafaat global ini untuk kemuliaan Tuhan.

Sumber ini menyediakan rangka kerja berstruktur untuk syafaat dan merangkumi:

- **320 titik doa strategik berasaskan Kitab Suci**
- **40 hari syafaat yang tertumpu**
- **Lapan jamuan doa setiap hari**
- **Asas Alkitab untuk transformasi negara dan budaya**
- **Doa yang disasarkan untuk Tujuh Gunung Pengaruh**

Doa-doa ini bukan sekadar renungan renungan. Ia adalah **syafaat kerajaan** —doa yang menyelaraskan Gereja dengan tujuan penebusan Tuhan untuk para pemimpin, budaya, dan negara.
Buku kecil ini mengajak orang percaya, pendoa syafaat, kumpulan doa, dan gereja untuk bersatu padu supaya:

• Gereja akan bangkit dalam kesucian, perpaduan, dan kewibawaan rohani
• Para pemimpin merentasi pergunungan pengaruh akan menemui hikmat Tuhan • Injil akan sampai kepada mereka yang belum percaya • Dan Kerajaan Tuhan akan ditegakkan di antara bangsa-bangsa

Panggilan itu tetap sama hari ini seperti pada mulanya: **Berdiri di celah itu.**
Dan melalui doa yang setia, semoga kehendak Tuhan terjadi **di bumi seperti di sorga** .

Syalom.
Zacharias Godseagle
Amb . MO Ogbe
C. Ladi Ogbe
Kementerian Helang Tuhan
https://www.otakada.org
ambassador@otakada.org

Ulasan Pembaca Lanjutan

Suara-suara daripada Para Pendoa Syafaat

"Berdiri di Jurang untuk Negara-negara adalah lebih daripada sekadar panduan doa—ia adalah manual strategik untuk tadbir urus rohani. Pengawasan berstruktur, asas kitab suci, dan doa yang disasarkan untuk Tujuh Gunung menjadikannya alat yang ampuh untuk pendoa syafaat yang serius."
— Pastor Kanan & Pemimpin Kerajaan

"Buku ini memikul beban ketaatan doa selama beberapa dekad. Doa-doanya berani, berdasarkan kitab suci, dan bersifat nubuat. Ia melengkapi orang percaya untuk berdoa melangkaui keperluan peribadi dan menuju tujuan Tuhan untuk negara-negara."
— Ketua Gerakan Doa Global

"Jarang sekali kita menemui sumber doa yang menggabungkan peperangan rohani yang mendalam, syafaat untuk kepimpinan, dan visi Kerajaan global. Panduan ini akan mencetuskan tahap doa yang baharu dalam kalangan individu dan gereja."
— Pemimpin Kementerian Kerasulan

"Struktur 40 hari dengan lapan jagaan doa setiap hari mewujudkan rentak syafaat yang berdisiplin yang menyelaraskan orang percaya dengan agenda syurga. Ini

merupakan sumber yang ampuh untuk kumpulan doa dan pelayanan."
— Pengarah Rangkaian Doa Syafaat

"Pertemuan penulis dengan Tuhan dan komitmen dua dekad terhadap tugasan ini memberikan buku ini autoriti yang luar biasa. Ia praktikal dan sangat nubuatan."
— Mentor Kepimpinan Kristian

"Dalam masa negara-negara berada dalam keadaan huru-hara, Gereja memerlukan panduan seperti ini yang memanggil orang percaya kembali ke altar doa. Kerja ini melengkapkan tubuh Kristus untuk berdiri di celah tersebut dengan berkesan."
— Ketua Kementerian Antarabangsa

"Doa-doa dalam panduan ini bukanlah doa sambil lewa atau pasif. Ia adalah doa kerajaan—pengisytiharan berani yang berakar umbi dalam Kitab Suci yang melepaskan tujuan Tuhan ke atas bandar dan negara."
— Penyelaras Doa Syafaat

"Ini merupakan salah satu manual doa paling komprehensif untuk para pendoa syafaat yang pernah saya lihat. Integrasi rangka kerja Seven Mountains dengan pengawasan doa yang berdisiplin adalah luar biasa."
— Penulis Kristian & Ahli Strategi Doa

"Jika anda seorang pendoa syafaat, pemimpin gereja, atau sebahagian daripada gerakan doa, buku ini akan menjadi teman tetap dalam kehidupan doa anda."

— Pastor & Pembina Gereja

"Kedalaman Kitab Suci, pengisytiharan nubuatan, dan puasa yang tersusun menjadikan ini alat rohani yang serius bagi mereka yang ingin bekerjasama dengan Tuhan dalam membentuk masa depan negara-negara."
— Ketua Misi Global

"Berdiri di Jurang untuk Bangsa-Bangsa memanggil orang percaya kembali kepada peranan keimamatan mereka—untuk berdoa bagi para pemimpin, masyarakat, dan budaya agar Kerajaan Tuhan dapat ditegakkan di bumi."
— Pendidik Kristian

"Buku ini bukan sekadar mengajar doa—ia mengaktifkan syafaat. Ia akan memberi inspirasi kepada orang percaya di seluruh dunia untuk bangkit sebagai penjaga bagi Gereja dan bangsa-bangsa."
— Fasilitator Pergerakan Solat

Prakata

Seruan untuk Berdiri di Jurang

Ada saat-saat dalam hidup apabila Tuhan mengganggu rentak biasa hidup kita dan memanggil kita ke dalam sesuatu yang tidak pernah kita jangkakan.

Sering kali saat-saat itu tiba di tengah-tengah ketidakpastian, kerentanan, dan penyerahan diri—saat-saat apabila kita menyedari bahawa kekuatan kita sahaja tidak mencukupi.

Panduan doa ini adalah hasil daripada detik sedemikian. Pada **bulan Mac 2006** , semasa musim yang sangat mencabar dalam kehidupan keluarga saya ketika isteri saya berada di hospital di London menghadapi kelahiran yang sukar, saya mengalami dorongan daripada Roh Kudus yang akan membentuk perjalanan tahun-tahun berikutnya.

Apa yang bermula sebagai tindakan ketaatan yang mudah—memberi respons kepada tanggapan untuk memulakan **puasa selama empat puluh hari** —dengan cepat mendedahkan dirinya sebagai sesuatu yang jauh lebih besar daripada sekadar latihan rohani peribadi.
Semasa waktu berdoa itu, beban yang Tuhan letakkan di hati saya tidak tertumpu pada keadaan peribadi saya. Sebaliknya, tanggapan yang datang ditujukan kepada **Gereja, para pemimpinnya, dan keadaan rohani tubuh Kristus di seluruh negara** .
Fokus doa-doa tersebut berulang kali menunjuk ke arah tempat tempat di mana pengaruh diterapkan dalam masyarakat—bidang-bidang yang membentuk hala tuju komuniti, budaya, dan kerajaan.

Lama-kelamaan menjadi jelas bahawa ini bukan sekadar pengalaman sekali sahaja, tetapi permulaan kepada tugasan syafaat yang berterusan.
Sejak musim pertama pada **tahun 2006** , tempoh doa dan puasa selama empat puluh hari ini telah disambut setiap tahun dari **17 Mac hingga 25 April** .

Selama bertahun-tahun ini, tugasan ini tetap konsisten: untuk berdiri di celah Gereja, untuk berdoa bagi para pemimpin di mana sahaja mereka berada dalam lingkungan pengaruh yang membentuk dunia kita, dan untuk mencari tujuan Tuhan bagi bangsa-bangsa.
Apa yang bermula sebagai tindakan ketaatan peribadi, oleh rahmat Tuhan, telah menjadi beban bersama yang ditanggung oleh orang percaya yang merasakan panggilan yang sama untuk menjadi syafaat bagi Gereja dan bangsa-bangsa.
Buku ini merupakan satu peristiwa penting dalam perjalanan itu.
Sempena kita memperingati **dua puluh tahun syafaat yang setia** , panduan doa ini telah disediakan untuk membantu orang lain mengambil bahagian dalam jagaan doa yang sama. Ia menyediakan rangka kerja terstruktur bagi poin-poin doa berasaskan Kitab Suci yang direka untuk membimbing orang percaya melalui empat puluh hari syafaat yang terfokus.

Harapan saya adalah agar sumber ini akan menggalakkan ramai orang untuk menemui semula kuasa berdiri di hadapan Tuhan bagi pihak orang lain.

Halaman-halaman berikut merangkumi kisah pertemuan yang memulakan tugasan ini. Pengalaman itu membentuk hala tuju perjalanan doa ini dan terus mengingatkan saya bahawa Tuhan masih memanggil umat-Nya untuk berdiri di celah bagi tujuan-Nya di bumi.

Semoga panduan ini menguatkan komitmen anda terhadap doa, memperdalam hubungan anda dengan Roh Kudus, dan memberi inspirasi kepada anda untuk menyertai kerja syafaat yang berterusan untuk Gereja dan bangsa-bangsa.

Pertemuan yang Memulakan Tugasan

Pada **16 Mac 2006** , saya sedang mundar-mandir di koridor hospital di London. Isteri saya telah bersalin selama tiga hari, dan doktor telah memaklumkan kepada kami bahawa jika bayi itu tidak lahir secara semula jadi menjelang pagi, dia perlu menjalani pembedahan caesarean.

Tanpa kami sedari pada masa itu, ibu mertua saya telah pun melihat dalam satu penglihatan bahawa isteri saya mungkin tidak akan terselamat selepas bersalin. Mujurlah, dia tidak memberitahu kami perkara itu ketika itu.

Semasa saya berjalan mundar-mandir di lorong hospital, satu tanggapan yang kuat muncul di fikiran saya—satu tanggapan yang begitu jelas sehingga saya tidak dapat mengabaikannya.

Fikiran itu mudah tetapi amat menggerunkan:

Mulakan puasa empat puluh hari bermula esok.

Keesokan harinya ialah **17 Mac 2006** .

Arahan ini mengejutkan saya. Saya tidak pernah berpuasa selama empat puluh hari sebelum ini. Namun saya tahu bahawa tanggapan ini bukan datang dari fikiran saya sendiri.

Satu cara untuk mengenali dorongan Roh Kudus adalah bahawa Dia sering memimpin kita untuk melakukan sesuatu yang berdasarkan kitab suci yang biasanya ditentang oleh kecenderungan semula jadi kita.

Ketika tanggapan itu berterusan, saya memulakan perbualan dengan Tuhan dalam fikiran saya.

"Jika aku berpuasa selama empat puluh hari," aku bertanya, "apakah yang akan aku doakan?"

Respons itu datang sebagai tanggapan dalam fikiran saya. Saya diarahkan untuk mengambil buku nota dan mula menulis. Di wad hospital itu, saya mula mencatat beban doa yang datang kepada saya.

Saya terkejut apabila doa-doa itu tidak tertumpu pada situasi isteri saya. Sebaliknya, tanggapan itu tertumpu pada pastor, gereja, dan perpaduan dalam tubuh Kristus.
Pada saat itu aku memohon kepada Tuhan.
"Jika aku harus menyelesaikan puasa empat puluh hari ini," aku berdoa, "aku ingin bertemu dengan-Mu sebelum puasa ini berakhir."
Tiada sebarang maklum balas terhadap permintaan itu.
Saya kemudian faham mengapa.
Tuhan sering menunggu ketaatan kita sebelum menyatakan langkah seterusnya dalam rancangan-Nya.

Kitab Suci menunjukkan corak ini dengan jelas. Apabila Yunus lari daripada tugasan Tuhan, Tuhan tetap diam sehingga Yunus kembali kepada tahap ketaatan.
Barulah perbualan itu bersambung semula.
Tiga hari sebelum berakhirnya puasa empat puluh hari itu—pada **22 April 2006, jam 5:00 pagi** —Tuhan mengabulkan permintaan saya.

Saya separuh terjaga apabila satu Makhluk muncul dalam bentuk manusia. Tangannya dilipat ke belakang, dan Dia berjalan perlahan ke arah saya melalui kawasan tingkap ke ruang tamu.
Aku dapat melihat rupa-Nya dengan jelas, walaupun wajah-Nya tidak kelihatan sepenuhnya.

Ketika Dia menghampiri, ruang di sekeliling saya mula bergetar dengan daya yang luar biasa. Kawasan di sekeliling kaki saya seolah-olah larut dan terbentuk semula berulang kali ketika Dia bergerak mendekat.
Apabila kehadiran itu sampai ke dada dan kepalaku, kuasa itu semakin kuat melebihi apa yang pernah aku alami.
Kekuatan yang luar biasa pada saat itu sukar untuk digambarkan.
Saya hilang jejak masa. Terbeban dengan keamatan pertemuan itu, saya mendapati diri saya berguling-guling di

atas lantai, meminta-Nya berhenti dan memberitahu saya apa yang Dia mahu saya lakukan.
Pengalaman itu menandakan permulaan perjalanan yang lebih mendalam dengan Tuhan.

Selepas pertemuan itu, saya mula menerima mimpi dan penglihatan mengenai tubuh Kristus. Dalam satu penglihatan, saya melihat Tuhan Yesus memasuki sebuah bilik, dan tubuh-Nya kelihatan terputus-putus—setiap bahagian hanya bersambung oleh helaian kulit yang nipis.
Setiap bahagian mewakili sebuah kementerian.
Hubungan antara mereka lemah.
Penglihatan itu mendedahkan kebenaran yang menyakitkan: perpecahan dalam Gereja—persaingan, keangkuhan, dan persaingan antara pelayanan—melemahkan kesatuan tubuh Kristus.
Apabila saya bertanya kepada Tuhan di mana saya sepatutnya berada dalam tubuh yang terputus-putus ini, jawapan-Nya jelas:
"Carilah gereja yang menjadikan murid-murid. Janganlah terpengaruh dengan bilangan orang."

Sejak saat itu, tugasan itu menjadi jelas.
Setiap tahun, bermula pada **17 Mac dan berakhir pada 25 April** , tempoh berjaga doa dan puasa selama empat puluh hari akan dirayakan—berdiri di celah untuk Gereja, para pemimpinnya, dan bangsa-bangsa.

Panduan doa ini adalah salah satu ungkapan tugasan yang berterusan itu.

Nota Pengarang

Panduan doa ini mewakili buah daripada refleksi, doa, dan ketaatan selama bertahun-tahun terhadap tugasan yang bermula pada tahun 2006. Apa yang bermula sebagai musim puasa dan syafaat peribadi secara beransur-ansur menjadi masa doa berulang yang diamalkan setiap tahun dari **17 Mac hingga 25 April** .

Lama-kelamaan, orang lain mula berkongsi beban ini untuk berdoa bagi Gereja, para pemimpinnya, dan negara-negara. Keinginan untuk menyediakan sumber yang tersusun bagi mereka yang ingin menyertai musim doa ini telah membawa kepada pembangunan panduan ini.

Doa-doa yang terkandung dalam buku ini berakar umbi dalam Kitab Suci dan dibentuk oleh keyakinan bahawa syafaat memainkan peranan penting dalam terungkapnya tujuan Tuhan di bumi. Doa-doa ini bertujuan untuk membantu orang percaya terlibat secara mendalam dan konsisten dalam doa semasa tempoh berjaga selama empat puluh hari.

Panduan ini boleh digunakan oleh individu, keluarga, kumpulan doa, dan gereja yang ingin berdiri di celah bagi tubuh Kristus dan bagi bangsa-bangsa.

Doa kami adalah agar setiap pembaca yang membaca doa-doa ini akan bertumbuh lebih dalam dalam hubungan mereka dengan Tuhan dan lebih kuat dalam komitmen mereka untuk memohon syafaat.

Semoga Tuhan menguatkan semua orang yang menerima panggilan untuk berdoa ini.

Zacharias Godseagle
Amb . MO OGBE

Cara Mendengar Suara Tuhan

Di seluruh Kitab Suci, Tuhan menyatakan diri-Nya sebagai Tuhan yang berfirman kepada umat-Nya. Dari halaman-halaman terawal Alkitab hingga pelayanan Yesus dan pekerjaan Roh Kudus di Gereja, suara Tuhan telah membimbing, membetulkan, dan mengarahkan mereka yang mencari-Nya.

Yesus sendiri berkata:

"Domba-domba-Ku mendengar suara-Ku dan Aku mengenal mereka, dan mereka mengikut Aku."

— Yohanes 10:27

Oleh itu, mendengar suara Tuhan bukan hanya untuk segelintir individu istimewa. Ia adalah sebahagian daripada hubungan yang Tuhan ingin miliki dengan anak-anak-Nya. Walau bagaimanapun, belajar mengenali suara Tuhan memerlukan kematangan rohani, kerendahan hati, dan keselarasan dengan Firman-Nya.

Cara Utama Tuhan Berfirman

Cara Tuhan berfirman yang paling jelas dan paling boleh dipercayai adalah melalui **Kitab Suci** . Firman Tuhan mendedahkan sifat-Nya, kehendak-Nya, dan tujuan-Nya. Sebarang tanggapan, penglihatan, mimpi, atau pemikiran yang bercanggah dengan Kitab Suci tidak mungkin berasal dari Tuhan.

Atas sebab ini, orang percaya harus tetap berakar umbi dalam Firman.

Kesaksian Batin Roh Kudus

Roh Kudus sering berkomunikasi melalui apa yang digambarkan oleh ramai orang percaya sebagai **kesaksian batin** . Ini mungkin kelihatan sebagai keyakinan yang kuat, kesan yang berterusan di hati, atau rasa arahan yang mendalam yang selaras dengan Kitab Suci.

Kadangkala tanggapan ini muncul sebagai fikiran yang tiba-tiba datang ke dalam minda—idea-idea yang selaras dengan sifat Tuhan dan tujuan-Nya.

Impian dan Visi
Di seluruh Alkitab, Tuhan sering berkomunikasi melalui mimpi dan penglihatan. Yusuf, Daniel, Petrus, dan Paulus semuanya mengalami saat-saat ketika Tuhan menyatakan kehendak-Nya dengan cara ini.

Dalam Kisah Para Rasul 2:17, rasul Petrus menyatakan:
"Anak-anak lelakimu dan anak-anak perempuanmu akan bernubuat, teruna-terunamu akan melihat penglihatan, dan orang-orang tuamu akan bermimpi."
Walau bagaimanapun, pengalaman-pengalaman ini mesti sentiasa diuji dengan Kitab Suci dan disahkan melalui doa.

Tuhan Juga Berfirman Melalui Keadaan dan Manusia
Tuhan juga boleh membimbing umat-Nya melalui keadaan, nasihat yang bijak, dan pelayanan orang percaya yang lain. Pastor, mentor rohani, dan orang percaya yang matang sering memainkan peranan penting dalam membantu kita membezakan arahan Tuhan.
Dalam setiap keadaan, Roh Tuhan tidak akan pernah menuntun orang percaya kepada keangkuhan, kekeliruan, atau tindakan yang bertentangan dengan ajaran Kristus.

Menguji Apa yang Kita Dengar
Oleh kerana tanggapan rohani kadangkala boleh disalahertikan, Kitab Suci menggalakkan orang percaya untuk menguji apa yang mereka terima.
Rasul Yohanes menulis:
"Saudara-saudaraku yang kekasih, janganlah percaya akan setiap roh, tetapi ujilah roh-roh itu, apakah mereka berasal dari Allah."
— 1 Yohanes 4:1
Tiga soalan penting boleh membantu membimbing kebijaksanaan:

• Adakah ia selaras dengan Firman Tuhan?
• Adakah ia mencerminkan sifat Kristus? • Adakah ia membawa kejelasan, kedamaian, dan kebenaran?
Apabila unsur-unsur ini hadir, orang percaya boleh maju ke hadapan dengan yakin bahawa Roh Kudus sedang membimbing mereka.

Berkembang dalam Kepekaan terhadap Tuhan
Belajar mendengar suara Tuhan adalah sebahagian daripada perjalanan pertumbuhan rohani. Apabila orang percaya meluangkan masa untuk berdoa, mempelajari Kitab Suci, dan tetap memperhatikan pimpinan Roh Kudus, keupayaan mereka untuk mengenali arahan Tuhan menjadi lebih jelas. Tujuan mendengar Tuhan bukanlah untuk mengejar pengalaman luar biasa, tetapi untuk memupuk hubungan yang lebih dalam dengan-Nya dan untuk berjalan dengan setia dalam kehendak-Nya.
Ketika anda memasuki musim doa dan syafaat ini, mintalah Roh Kudus untuk membimbing anda, berbicara kepada hati anda, dan memimpin anda ke dalam persekutuan yang lebih dalam dengan Tuhan.

Doa Harian 360 Darjah, Perisytiharan dan Perlindungan Rohani

Deklarasi Pembukaan & Penutupan Portal untuk Tujuh Gunung Pengaruh

(10 Pengaktifan Doa Strategik)

Jadual Solat

Doa-doa ini boleh digunakan dalam dua cara:

• **Doakan ke-10 Bahagian bersama-sama pada tengah malam** sebelum memulakan syafaat harian.

• **Berdoalah satu bahagian setiap dua jam** , meliputi keseluruhan pengawasan rohani hari itu.

Struktur Jam Tangan yang Dicadangkan:

- **12:00 AM – Pembukaan Portal & Bahagian 1**
- **2:00 PG – Bahagian 2**
- **4:00 PG – Bahagian 3**
- **6:00 PG – Bahagian 4**
- **8:00 PG – Bahagian 5**
- **10:00 PG – Bahagian 6**
- **12:00 PM – Bahagian 7**
- **2:00 PTG – Bahagian 8**
- **4:00 PTG – Bahagian 9**
- **6:00 PTG – Bahagian 10 (Perisytiharan Meterai)**

Deklarasi-deklarasi ini menetapkan otoritas rohani, membuka portal doa, merobohkan tentangan, dan menutup syafaat yang meliputi **individu, Gereja, dan Tujuh Gunung Pengaruh** .

Ayat-ayat Suci untuk Membaca, Meditasi dan Renungan untuk Diaplikasikan dalam Kehidupan Seharian:

Lukas 9:23 - ***Lalu Ia berkata kepada mereka semua: "Jika seorang mau mengikut Aku, ia harus menyangkal dirinya, memikul salibnya setiap hari dan mengikut Aku.***

1 Timotius 6: ***11-14 Tetapi engkau, hai hamba Allah, jauhilah semuanya itu, kejarlah kebenaran, kesalehan, iman, kasih, kesabaran dan kelemahlembutan. Bertandinglah dalam pertandingan iman yang baik, rebutlah hidup yang kekal. Untuk itulah engkau telah dipanggil dan telah mengakui pengakuan yang baik di hadapan banyak saksi. Aku menasihatimu di hadapan Allah yang memberi hidup kepada segala sesuatu dan di hadapan Kristus Yesus yang telah menyaksikan pengakuan yang baik di hadapan Pontius Pilatus, supaya engkau menuruti perintah ini dengan tidak bercacat dan tidak bercela sampai Tuhan kita Yesus Kristus menyatakan diri-Nya."***

Jikalau kamu tetap dalam firman-Ku, kamu benar-benar murid-Ku. " Yohanes 8:31

Janganlah kamu kalah oleh kejahatan, tetapi kalahkanlah kejahatan dengan kebaikan ." Roma 12:21.

Demikian jugalah kamu, anggaplah dirimu telah mati bagi dosa, tetapi hidup bagi Allah dalam Kristus Yesus,

Tuhan kita. Sebab itu janganlah biarkan dosa berkuasa di dalam tubuhmu yang fana, sehingga kamu tidak lagi mentaatinya dalam keinginannya . Roma 6:11-12.

Tetapi jika oleh Roh kamu mematikan perbuatan tubuh, kamu akan hidup . Roma 8:13.

Oleh itu, kerana Kristus telah menderita penderitaan jasmani, kamu juga harus mempersenjatai diri dengan fikiran yang sama, kerana sesiapa yang telah menderita penderitaan jasmani, dia telah berhenti daripada dosa... 1 Petrus 4:1.

BAHAGIAN 1 — Mewujudkan Autoriti Kerohanian

Bapa, dalam nama Yesus, Pencipta dan Penyempurna imanku, aku bangkit untuk menetapkan hak dan kekuasaanku yang sah ke atas wilayah ini dan ke atas setiap wilayah yang telah Engkau berikan kepadaku kuasa bidang kuasa.

Menurut **Daniel 9:4** , Engkaulah satu-satunya Allah yang besar dan dahsyat, yang memegang perjanjian dan kasih setia terhadap orang yang mengasihi Engkau dan terhadap orang yang berpegang pada perintah-perintah-Mu.
Aku merayu kepada Tuhan yang berfirman dalam **2 Tawarikh 7:13–16** :

"Jika Aku menutup langit sehingga tidak ada hujan, jika Aku menyuruh belalang memakan habis tanah, atau jika Aku mengirimkan penyakit sampar ke antara umat-Ku, dan jika umat-Ku yang atasnya nama-Ku disebut merendahkan diri dan berdoa, mencari wajah-Ku, dan berbalik dari jalan-jalan jahat mereka, maka Aku akan mendengar dari sorga, mengampuni dosa mereka, dan menyembuhkan tanah mereka."

Sekarang mata- Mu akan terbuka dan telinga-Mu akan memperhatikan doa yang dipanjatkan di tempat ini.
Sebab sekarang Engkau telah memilih dan menguduskan rumah ini, supaya nama-Mu ada di sana untuk selama-lamanya; mata dan hati-Mu akan ada di sana sepanjang masa.

Aku mengisytiharkan bahawa tempat ini telah disucikan.

Aku mempersembahkan tubuhku sebagai korban yang hidup oleh darah Yesus, Penyelamat dan Penebusku. Jadikan doa-doa ini kudus dan berkenan kepada-Mu.

Aku mengaku dosa-dosaku dan dosa-dosa nenek moyang kita. Biarlah rahmat dan belas kasihan menguasai kita.

Saya mengisytiharkan bahawa saya mempunyai laluan bebas untuk doa-doa saya naik ke alam ghaib dan tidak terikat dengan bumi.

Saya bersetuju dengan Mahkamah Agung Syurga.

Aku duduk di tempat-tempat syurgawi bersama Kristus Yesus; oleh itu, aku berperang dari alam dan kerajaan ini.

Aku menyatakan bahawa urapan Tuhan mematahkan setiap kuk, membuka setiap portal, dan menugaskan malaikat untuk menguatkan aku ketika aku maju ke tingkatan baru, dimensi baru, alam baru, dan wilayah baru.

Biarlah ada kejayaan di syurga.

Saya mendalami nadi kerasulan dan kenabian.
Saya memecahkan siling kaca.
Aku menghancurkan jeruji kerohanian dan membran besi.
Saya mengisytiharkan bahawa suasana kejayaan telah diwujudkan.
Saya mengkalibrasi semula iklim rohani dan menitahkan bahawa setiap rasa suam-suam kuku mesti digantikan dengan api dan semangat Tuhan.

Baptislah aku dengan Roh Kudus dan dengan api.
Biarlah ada api di mulutku ketika aku maju dalam doa ini.
Aku mengambil alih kuasa atas atmosfera dan iklim iblis dan setan yang diciptakan oleh aktiviti kultus, imej yang mengubah takdir, jampi-jampi, kata-kata kesat, ilmu sihir, persekitaran yang bermusuhan, ketakutan, keganasan, ritual, kebencian, kebencian etnik, dan keganasan, dalam nama Yesus.

Aku memerintahkan iklim rohani untuk berubah. Perubahan iklim ekonomi. Perubahan iklim sosial. Perubahan iklim budaya. Perubahan iklim pendidikan. Perubahan iklim politik. Perubahan iklim gerejawi.

Aku perintahkan agar suasana dipenuhi dengan kemuliaan Tuhan.
Bapa, penuhilah suasana ini.
Penuhilah persekitaran ini dengan kemuliaan-Mu.
Saya mengubah persekitaran ini dan mengisytiharkan bahawa ia kini sesuai untuk:

Kementerian saya untuk berkembang maju. Hubungan saya untuk berkembang maju. Anak-anak saya untuk berkembang maju. Orang tersayang saya untuk berkembang maju. Perniagaan saya untuk berkembang maju. Idea saya untuk berkembang maju. Negara saya untuk berkembang maju. Kerajaan saya untuk berkembang maju. Ekonomi saya untuk berkembang maju.

Aku mewujudkan persekitaran ghaib untuk keajaiban berlaku. Aku berperang dalam nama Yesus dan dengan darah-Nya yang tertumpah — darah Anak Domba yang telah disembelih sebelum dunia dijadikan.

Demi-Nya, kejahatan mesti dimusnahkan.
Itulah sebabnya Anak Allah telah menyatakan diri-Nya, supaya Ia membinasakan perbuatan-perbuatan kegelapan.

**Aku menitahkan dan mengisytiharkan bahawa perbuatan kegelapan telah dibinasakan.
Aku menitahkan bahawa setiap sumpahan atas hidupku akan diterbalikkan.**

Aku menerobos kuasa kegelapan yang menguasai dan menopang wilayah ini dalam nama Yesus.
Aku menangkap setiap roh jahat melalui Firman-Mu.
Berilah kuasa kepada bala tentara malaikat untuk berperang bagi pihakku.
Saya menentang kubu kuat wilayah.
Saya memutuskan kekusutan ego.

Bukalah pintu-pintu penjara psikologi dan bebaskan kami daripada roh-roh rasa malu, segan, gangguan, dan maksiat.

Bebaskan kami daripada semangat kubu dan kesombongan. Bebaskan aku daripada stigmatisasi, ugutan emosi, halangan sosial, godaan, batasan syaitan, ilusi syaitan, ketagihan, sekatan iblis, kubu budaya, kubu kultus, sihir, tradisi, dan persekitaran budaya anti-Kristus.

Bebaskan aku daripada keterbatasan, kekurangan, dan halangan.

Saya enggan dipinggirkan, distigmakan, dilumpuhkan, diganas, dicirikan, dikritik, ditoleransi, ditapis, disalah nilai, disalah urus atau disalah urus.
Saya memakai jubah tanda terima kasih.
Saya melepaskan pencetus syaitan dan butang psikologi.
Saya litar pintas mereka.

BAHAGIAN 2 — Kejayaan Wilayah

Aku tidak bertindak balas terhadap penindasan iblis. Aku menetapkan kuasaku yang lebih tinggi ke atas wilayah ini melalui darah, Firman, dan oleh Roh Tuhan.

Atas sebab ini , aku mengingatkan kamu bahawa Anak Tuhan telah menyatakan diri supaya Dia dapat memusnahkan perbuatan-perbuatan iblis. Aku menitahkan bahawa perbuatan-perbuatan iblis akan dimusnahkan. Semua perbuatan itu akan dimusnahkan di rantau ini, di kawasan kejirananku, di tubuhku, di keluargaku, di anak-anakku, di orang-orang tersayangku, di pelayananku, di pastorku, di doktor dan peguamku, dan di kerajaanku.
Perbuatan jahat iblis dimusnahkan.

Aku mengisytiharkan dan memutuskan bahawa rancangan dan tujuan Tuhan akan menang. Firman Tuhan menang. Kehendak-Nya menang. Tujuan dan takdir kenabianku menang. Visiku menang. Perniagaanku menang. Idea-ideaku menang.

Aku bernubuat kepada keempat penjuru angin bahawa perkara-perkara yang telah mati sebelum waktunya dan kering kerana kegiatan syaitan akan dihidupkan semula.

Saya mengisytiharkan bahawa kepingan takdir saya — kewangan, kementerian, dan perhubungan — bersatu.

Hidup saya bersatu.
Wang saya bersatu. Perniagaan saya bersatu. Hubungan saya bersatu. Keluarga saya bersatu. Tubuh Kristus bersatu. Pelayanan saya bersatu. Perkahwinan saya bersatu. Keluarga saya bersatu. Bajet saya bersatu.

Kerajaan kita bersatu.
Kepimpinan kita bersatu.

Segalanya berjalan bersama-sama menurut kehendak-Mu.
Bapa, aku bersyukur kepada-Mu. Bagi-Mu tiada yang mustahil.
Oleh itu, Bapa, aku menitahkan dan mengisytiharkan bahawa pintu-pintu syurga telah dibuka.
Biarkan hujan.
Roh Tuhan, bimbinglah kami ke dalam masa penyegaran yang Engkau janjikan akan datang dari hadirat Tuhan.

Aku menitahkan dan mengisytiharkan bahawa tidak akan ada lagi kemarau jahat, tidak akan ada lagi kekeringan jahat, tidak akan ada lagi kesusahan, tidak akan ada lagi penyakit, tidak akan ada lagi kemurungan, dan tidak akan ada lagi drama jahat.

Kita datang dalam kitab suci, seperti yang tertulis tentang kita.

Kami datang dalam kuasa Tuhan — Tuhan Yosua — dan kami menitahkan serta mengisytiharkan bahawa setiap tembok yang tidak dapat ditembusi mesti dirobohkan dalam nama Yesus dan dalam kuasa Tuhan Yang Maha Tinggi .

Aku menghancurkan penghalang, sekatan, penghadang, dan batu-batu besar.
Aku mengisytiharkan bahawa aku sedang maju ke arah panggilan, tujuan, dan rancangan Tuhan.
Perjuangan Kristus sedang maju di rantau ini dan di setiap rantau.
Aku mengisytiharkan bahawa Yesus Kristus adalah Tuhan dan Raja di atas segala Raja. Kerajaan Tuhan telah datang. Dia adalah Raja atas setiap wilayah dan Kerajaan-Nya sudah dekat.

Kita mengambil alih kuasa atas setiap kubu jahat dan memutuskan tali dan belenggu kejahatan.
Kita menyingkirkan kejahatan dari tempatnya yang haram dan mengambil alih kedudukan kita yang sah.

Kita mengambil alih kuasa ke atas mezbah-mezbah setan di pergunungan.
Kita berdiri dalam roh Elia dan menyatakan serta mengisytiharkan bahawa Tuhan yang menjawab dengan api — Dialah Tuhan.
Kami menitahkan bahawa api Tuhan akan memusnahkan setiap mezbah.

Kami memerintahkan agar kuasa musuh dipatahkan dari hidup kami, dipatahkan dari pelayanan kami, dipatahkan dari rumah kami, dipatahkan dari fikiran kami, dipatahkan dari hubungan kami.
Mereka dipatahkan daripada tubuh badan kita, daripada kehidupan kita, daripada anak-anak kita, daripada perkahwinan kita, daripada pasangan kita, daripada perniagaan kita, dan daripada amalan kita.

Kami mengisytiharkan dan menyatakan bahawa kejahatan tidak lagi mempunyai kawalan ke atas hidup kami.

Kita bebas daripada kawalan jahat musuh.
Kita bebas daripada corak jahat.

Kita membebaskan diri daripada fetish, azimat, jimat, kepingan voodoo, azimat, rantai, ikatan, jampi-jampi, ketagihan, sumpahan generasi, roh pewaris, kematian, kemiskinan, sikap apati, putus asa, penderaan, ketidakberdayaan, dan ketiadaan doa.

Kami menitahkan dan mengisytiharkan bahawa mereka telah dimusnahkan.

Di mana sahaja dan apa sahaja yang digunakan oleh ahli sihir, ahli sihir, tukang sihir, orang bijak pandai, dan manipulator agama sebagai titik hubungan untuk melepaskan kutukan — melalui gambar, pakaian, helaian rambut, barang peribadi, pakaian, mangkuk, debu, darah, anak patung voodoo, altar, azimat, air, penyapu, campuran, atau apa sahaja — aku memerintahkan mereka untuk dihancurkan dalam nama Yesus.

Kita mengganggu saluran komunikasi antara roh-roh yang dikenali dan aktiviti haram yang dirancang untuk menggagalkan rancangan dan tujuan Tuhan dalam hidup kita.

Kami memerintahkan setiap keterikatan jahat untuk diputuskan.
Kami perintahkan tali diputuskan.
Kami perintahkan setiap kubu pertahanan dirobohkan.
Kita mengambil alih kuasa atas roh-roh keraguan, keterikatan, kekusutan, ketakutan, keganasan, kekeliruan, ketidakpercayaan, intimidasi, dosa, dan kejahatan.
Kita melepaskan diri kita dari kubu kuat musuh dan dari kuasa rohani gelap yang membedil minda kita.

Bapa, dalam nama Yesus, ketika kami berdiri untuk berdoa, kami menembusi kubu-kubu musuh dengan:

Tangan Tuhan.
Jari Tuhan. Firman Tuhan. Darah Yesus Kristus. Kuasa Roh Kudus. Urapan Tuhan. Campur tangan kerasulan. Bantuan malaikat.

Bapa, kami bangkit dalam roh Zerubabel dan Elia dan mengucapkan **rahmat, rahmat** kepada gunung-gunung dan mezbah-mezbah jahat mereka.
Bapa, binasakanlah mereka oleh api-Mu.

BAHAGIAN 3 — Penguasaan Ke Atas Kubu-kubu Berkubu

Kami menegakkan ketuhanan Kristus atas wilayah ini.
Saya mengisytiharkan bahawa kuasa mereka tidak berdaya ke atas rantau ini.
Aku mengisytiharkan menurut **Yesaya 9:6–7** :

"Sebab seorang Anak telah lahir untuk kita, seorang Putera telah diberikan untuk kita, dan pemerintahan akan berada di atas bahu-Nya; dan namanya akan disebut Penasihat Ajaib, Allah yang Perkasa, Bapa yang Kekal, Raja Damai. Besarnya pemerintahan-Nya dan damai sejahtera tidak akan berkesudahan. Di atas takhta Daud dan di atas kerajaan-Nya, untuk menetapkan dan mengokohkannya dengan keadilan dan kebenaran, dari sekarang sampai selama-lamanya. Kecemburuan TUHAN semesta alam akan melaksanakannya."

Angkatlah kepalamu, hai pintu-pintu gerbang ,
dan angkatlah pintu-pintu yang kekal, supaya Raja Kemuliaan masuk.

Aku mengingatkan kamu sekali lagi bahawa semangat Tuhan akan melaksanakannya.

Tiada yang seperti Tuhanku.

Tiada yang sekuat Tuhanku.

Dia ialah **Jehovah Gibbor** .

Bapa, kami menyembah-Mu.
Bapa, kami memuji-Mu.
Kami tidak akan berlutut kepada tuhan lain.
Tiada Tuhan lain seperti Yehuwa.

Bapa, kami mengambil alih kuasa atas putera kuasa udara dan menetapkan kuasa atasan kami atas wilayah ini dalam nama Yesus.
Akhiri penindasan syaitan, tentangan syaitan, dan beban-beban palsu.

Dalam murka-Mu, serakkan tindakan musuh kami, dan dalam cemuhan-Mu aturlah perpecahan mereka.

Kami menitahkan dan mengisytiharkan bahawa minda kami bebas daripada setiap kubu kuat.
Barangsiapa yang dibebaskan oleh Anak, ia sungguh bebas.
Kami perintahkan langit dibukakan.

Bapa, bersihkan jalan dan ciptakan jalan raya ghaib yang bebas daripada setiap penghalang setan yang akan menghalangi doa-doa kami.

Kami menangkap atas nama Yesus entiti-entiti yang bertanggungjawab atas pemerdagangan syaitan dan melarang gangguan, gangguan, dan pemintasan selanjutnya.

Aku meletakkan tekanan nubuatan dan kerasulan ke atas syurga.
Aku perintahkan setiap portal iblis dibuka.

Pintu-pintu gerbang tembaga dan palang besi — akan dibuka.
Bapa, tutuplah setiap portal setan.
Jangan berikan musuh akses ke kawasan yang dilarang.
Jangan ada gangguan syaitan atau iblis.
Sambil aku mara, aku menitahkan dan mengisytiharkan bahawa setiap kubu kuat di rantau ini telah dipecahkan dari fikiranku.

Aku menitahkan dan mengisytiharkan bahawa Tuhan menjernihkan fikiranku, memberikan Roh Kudus akses

tanpa sekatan dan halangan ke dalam fikiran, jiwa, dan rohku.
Aku menitahkan bahawa tidak akan ada rampasan syaitan terhadap wawasan ghaib, wahyu kenabian, idea-idea bernas, ciptaan kreatif, ilham ilahi, kebijaksanaan, atau pengetahuan.

Ini akan mengalir dengan bebas dalam nama Yesus.
Setiap gunung mesti direndahkan.
Setiap lembah mesti ditinggikan.
Setiap tempat yang bengkok harus diluruskan.

Kini aku maju pada tingkat yang rata dengan kebijaksanaan, strategi, dan taktik ilahi yang disediakan untukku apabila diminta.

Aku menitahkan bahawa gunung-ganang rohani, gunung-ganang hubungan, dan gunung-ganang politik mesti dipindahkan.

Aku menembusi apa yang tidak dapat diatasi dan ditembusi.

Aku menembusi tembok dan penghadang yang tidak dapat ditembusi ke alam keajaiban, ke alam ghaib, ke alam peningkatan, kelimpahan, kemakmuran, pengaruh, kemewahan, dan kekayaan.

Saya mengisytiharkan bahawa saya akan mengatasi masalah dan situasi yang degil, dan mengatasi orang yang tidak fleksibel yang menghalang rundingan perundangan, ekonomi, dan kerohanian yang menguntungkan.

Aku perintahkan kamu untuk bergerak dengan kuasa darah dalam nama Yesus.

Aku mengambil alih kuasa musuh yang bertanggungjawab membina altar syaitan dan roh pusaka nenek moyang yang mengganggu kemajuanku dan mengganggu kemajuanku.

Aku meredah penghadang syaitan.

Aku menitahkan dan mengisytiharkan bahawa setiap tembok Jericho mesti dirobohkan.

Saya memiliki harta benda saya.

Aku mengambil alih kuasa ke atas isu-isu yang berasal dari kem musuh.

Aku menitahkan campur tangan ilahi, secara tiba-tiba dan mukjizat.

Aku memerintahkan setiap situasi dan keadaan untuk selaras dengan kehendak Tuhan dalam nama Yesus.

Aku membalikkan setiap sumpahan.

Aku menggali dan menggali benih-benih iblis yang ditanam secara sah dalam minda, jiwa, dan semangatku.

Mereka tidak akan berakar.
Mereka tidak boleh dieram, dipelihara, disuburkan, diberi makan, atau disiram.

Aku musnahkan mereka sekarang.

Aku hanya menerima apa yang terpancar dari fikiran Tuhan:

Benih harapan.
Benih iman. Benih takdir. Benih kuasa. Benih kejayaan dan kemakmuran. Benih kesucian. Benih kebenaran.

Benih kesalehan. Benih urusan yang beretika. Benih moral.

Saya menentang, mengelak, dan menolak semua aktiviti yang menggagalkan.

Saya menanggung kos sah selama tempoh penuh.

Aku keluar dari setiap batasan dan penjara iblis.

Pintu-pintu tembaga dan palang besi — akan ditiup angin kencang Roh.

Saya memilih untuk keluar daripada situasi yang mengehadkan.

Aku mematahkan kuasa pemenjaraan yang menguasai mindaku, pelayananku, jiwaku, semangatku, takdirku, masa depanku, suaraku, keluargaku, dan kewanganku.

Saya keluar.

Saya melepaskan diri.

Saya mengisytiharkan dan memutuskan bahawa saya mempunyai kuasa ke atas semua aktiviti yang mengubah takdir, sekatan dan paksaan syaitan dalam nama Yesus.

Aku perintahkan agar setiap penjara iblis dibuka.

Saya melepaskan gereja saya.

Aku melepaskan masa depanku.

Aku melepaskan bangsaku.

Saya lepaskan kerajaan saya.

Saya lepaskan keluarga saya.

Saya lepaskan anak-anak saya.

Saya melepaskan kementerian saya.

Aku melepaskan urapanku.

Saya melepaskan pengaruh saya.

Saya melepaskan reputasi saya.

Saya keluarkan nama saya.

Aku melepaskan kedamaianku.

Aku melepaskan kegembiraanku.

Aku melepaskan kebahagiaanku.

Saya melepaskan kesihatan saya.

Aku melepaskannya dalam nama Yesus daripada dikawal oleh kuasa-kuasa jahat.

Saya keluar dari kurungan.

Saya berjaya melepasi halangan.

Aku keluar dari batasan dalam nama Yesus.

Saya membebaskan diri daripada ikatan psikologi, ikatan emosi, ikatan fizikal, ikatan seksual, ikatan rohani, ikatan kewangan, ikatan yang dicipta oleh bahan, ikatan organisasi, keterikatan ego, dan persatuan wanita serta persaudaraan syaitan.

Dalam nama Yesus.

BAHAGIAN 4 — Pembebasan, Penebusan & Generasi

Setiap orang yang merancang kematianku, yang secara diam-diam menyimpan kebencian terhadap kejayaanku, aku bebaskan minda dan jiwamu dari kubu kuat itu.

Aku menuntut agar kau melepaskanku.

Bebaskan aku dari hatimu.
Bebaskan aku dari jiwamu. Bebaskan aku dari fikiranmu.

Aku menetapkan dan mengisytiharkan bahawa sesiapa yang dibebaskan oleh Anak, dia benar-benar bebas.

Jika aku secara tidak sengaja telah menyakiti atau mengecewakan sesiapa pun, Bapa, bebaskan aku daripada kubu-kubu dendam, ketidakampunan, kepahitan, kebencian, dan sikap acuh tak acuh.

Aku bertaubat atas kejahilan dan ketidakmatanganku. Jangan biarkan masa laluku memberi kesan negatif kepada masa depanku.
Saya membebaskan diri daripada jangkaan yang tidak realistik, penjara psikologi, kedangkalan, identiti palsu, kekusutan ego, ikatan jiwa, label, dan stigma yang melemahkan siapa saya dalam Kristus.
Saya menuntut identiti saya yang sebenar.
Aku bertekad bahawa hari ini adalah permulaan hari yang baru.
Saya membatalkan setiap hutang fisiologi, emosi, dan kewangan yang jahat dengan darah Yesus Kristus.

Tebuslah jiwaku dan jiwa orang-orang tersayang, pekerja, kementerian, perniagaan dan kerajaanku daripada pasaran syaitan.

Bebaskan aku daripada roh Yudas — daripada rakan-rakan, orang tersayang, rakan sekerja, rakan sekutu, rakan niaga, pekerja dan semua orang yang telah menjual aku.

Bapa, aku menitahkan dan menyatakan bahawa aku telah dibebaskan.
Awak telah membebaskan saya.

Hari ini, menurut **Mazmur 9:15** , **Mazmur 72:14** , dan **Yeremia 31:11–14** , aku menitahkan bahawa jiwaku telah dibebaskan dan ditebus oleh darah Yesus dari pasar syaitan dan dari kuasa enam wilayah dunia bawah tanah.

Jiwaku tidak akan menjadi tebusan.
Ia tidak akan dikepung.

Aku terlepas daripada jerat pemburu.
Aku terbang dengan sayap seperti helang.
Aku menggunakan dan menerapkan darah Yesus Kristus, yang telah menebus segala sesuatu yang berkaitan dengan hidup, takdir, dan tujuanku.

Saya telah ditebus.

Keluarga saya telah ditebus.
Masa depanku telah ditebus.
Kewangan saya telah ditebus.

Aku menjamin masa depan dan takdirku dalam Kristus Yesus.

Saya menjamin masa depan orang tersayang, pelayanan saya, dan komuniti saya dalam Kristus.

Aku menjamin masa depan adik-beradikku, anak-anakku, cucu-cucuku, anak baptisku, anak saudara perempuanku, mak cik, pak cik, sepupu-sepupuku, ibu bapa, datuk nenek, mertua, dan keluarga besarku dalam nama Yesus.

Tebuslah jiwa mereka dari kuasa dunia bawah tanah.

Saya menitahkan dan mengisytiharkan bahawa mereka tidak akan menjadi mangsa zina, pelacuran, pornografi, atau keganasan geng.

Mereka tidak akan meminta-minta makanan.
Mereka tidak akan mengalami kehilangan tempat tinggal atau ketidakberdayaan.
Mereka tidak akan mati sebelum waktunya atau akibat ketagihan.
Mereka tidak boleh menjadi statistik atau berhenti sekolah.
Mereka tidak akan terpedaya daripada kasih sayang Tuhan.

Keluarkan jiwa mereka dari pasar dan penjara syaitan.

Hapuskan hukuman mati dari hidup mereka dan letakkan Roh kehidupan dalam Kristus Yesus di atas roh kematian.

Saya memveto dan membalikkan sumpahan dalam keturunan kita.

Kami menitahkan dan mengisytiharkan bahawa keluarga kami telah dibebaskan.

Kita membebaskan diri daripada ikatan yang berkaitan dengan berhala, kutukan, doa ilmu sihir, pengorbanan darah, hajat jahat, perkahwinan yang diatur oleh syaitan, pengantin Syaitan, astrologi, tanda-tanda astrologi, terlibat dalam ilmu gelap, papan Ouija, juju, voodoo, unjuran astrologi, sesi pemanggilan arwah, kad tarot, bacaan daun teh, dan bacaan tapak tangan dalam nama Yesus.

Kami menitahkan dan mengisytiharkan bahawa keluarga kami bebas daripada ilmu gelap.

Kita bebas daripada Santería dan daripada setiap bentuk aktiviti syaitan dalam nama Yesus.
Bapa, aku bersyukur kepada-Mu kerana Engkau menyelamatkan kami setiap hari.

Bapa, dalam nama Yesus dan dengan darah Kristus, kami membalikkan kesan suntikan iblis, mantera sihir, dan deposit yang dimasukkan ke dalam makanan, vitamin, air, dan preskripsi kami.

Kami membalikkan kesan implan syaitan yang menyebabkan ketagihan, mutasi selular, percambahan penyakit, kecacatan, kecacatan, keabnormalan, kecacatan, lumpuh, ketidakupayaan, demensia, kelesuan, insomnia, pertumbuhan terbantut, keterbelakangan, kekeliruan, sistem imun yang tertekan, gangguan perhatian, hiperaktif, gangguan bipolar, penyakit yang tidak dapat diubati, kanser, komplikasi organ, tumor, sista, aneurisme, kecacatan kelahiran, komplikasi semasa bersalin, dan pengguguran spontan.

Kami membalikkannya dalam nama Yesus.

Bapa, kami bertaubat dari semua perjanjian dan kontrak yang telah kami buat secara sedar atau tidak sedar dengan roh-roh jahat.

Kami bertaubat kerana menerima nasihat daripada roh-roh jahat dan wakil-wakil syaitan.

Bapa, kami menitahkan dan mengisytiharkan bahawa organ pembiakan roh kami bebas daripada setiap bentuk penembusan syaitan.

Bapa, kami bertaubat kerana sujud menyembah berhala, kepada imej budaya anti-Kristus, menganut doktrin iblis, dan menerima falsafah ideologi setan serta bid'ah agama.

Bapa, bebaskanlah kami dengan kebenaran-Mu, sebab Firman-Mu adalah kebenaran.

Ampunilah kami semua dari segala kesalahan, salah faham, niat jahat, keduniawian, rasionalisasi, ketidakpedulian, dan kedegilan hati.

Bapa, kami menyatakan dan mengisytiharkan bahawa si jahat tidak mempunyai tempat dalam diri kami.

Kami mengisytiharkan kemerdekaan kami dari setiap kubu kuat ini.
Sucikan fikiran kita dengan pembasuhan Firman.
Ciptakanlah hati yang bersih dalam diri kami dan perbaharuilah roh yang benar dalam diri kami.

Biarlah perkataan mulut kami dan renungan hati kami berkenan di hadapan-Mu, ya Tuhan, kekuatan kami dan Penebus kami.

Jagalah mulut kita dan jagalah pintu bibir kita.

Janganlah ada perkataan jahat yang keluar dari bibir kita.

Utamakan buah Roh di atas kelemahan perangai dan kecenderungan daging kita.

Sembunyikan kami di dalam paviliun-Mu dan di tempat rahsia Yang Maha Tinggi .

Tuntunlah kami di jalan kebenaran demi nama-Mu.

Kami menitahkan dan mengisytiharkan bahawa kami berjalan dalam integriti.
Dan sesiapa yang dibebaskan oleh Anak , Aku tegaskan semula, memang bebas.

BAHAGIAN 5 — Memutuskan Hubungan & Sumpahan

Menurut **Ulangan 32:13** dan **Ayub 29:6** , buatlah kami menunggangi bukit-bukit di bumi, makan hasil ladang, menghisap madu dari batu karang, membasuh langkah kami dengan mentega, dan mengalirkan minyak dari batu karang yang keras.

Kami menyatakan dan mengisytiharkan bahawa masa lalu kami telah berlalu, dan kami terus maju ke arah panggilan sorgawi Allah dalam Kristus Yesus.

Ampunilah kami, Bapa, atas keduniawian. Bersihkan fikiran kami daripada agenda tersembunyi.

Kami mengisytiharkan dan mengisytiharkan bahawa kaki kami telah dilepaskan daripada jerat musuh yang menyebabkan perhambaan, ketidakmampuan bergerak, dan kelumpuhan.

Bapa, kami menitahkan dan mengisytiharkan bahawa kami bebas untuk maju bagi memenuhi tujuan kami dan memaksimumkan potensi kami.

Kita tidak boleh ditentang.
Kita tidak boleh dihentikan. Kita tidak boleh dihalang.
Kita tidak boleh dihalang.

Wilayah kita diperluas.

Kita tidak akan dipinggirkan, dikucilkan, atau dikurung di dalam gua.

Kita tidak akan ditahan, ditoleransi, dipukul, dilebam dalam kesakitan, dirantai dalam kesakitan, berlabuh dalam kepahitan, atau terperangkap dalam ketidakpercayaan atau kemurungan.

Kita tidak akan ditipu harta pusaka kita atau dihalang daripada kemajuan dan kenaikan pangkat.
Bapa Syurgawi, Tuhan yang ghaib, Tuhan Abraham, Ishak, dan Yakub, Tuhan yang membuat dan menepati perjanjian, kurniakan kami rahmat, keberanian, dan keupayaan untuk keluar dari yang lama dan menuju yang baru.

Putuskan semua ikatan dan kekusutan jiwa yang tidak wajar dan jahat.

Kurniakanlah kepada kami kebijaksanaan, wawasan, dan pengajaran untuk merundingkan semula hubungan perjanjian lama.

Singkapkan kepada kami portal-portal yang dibukakan secara ilahi.

Dedahkan kepada kami tugasan, agenda dan jadual waktu harian anda supaya kami dapat beroperasi pada masa yang betul.

Bapa, kami mengisytiharkan bahawa tiada roh dan tiada individu yang akan menyebabkan kami keluar dari pengaturan masa Tuhan.

Kami disegerakkan dengan pengaturan waktu ilahi-Mu dan jadual waktu ilahi- Mu .

Oleh itu, Bapa, dalam nama Yesus dan dengan kuasa Roh Kudus, kami mematahkan kutukan yang berkaitan dengan kata-kata dan tindakan yang sia-sia.

Padamkan pucuk-pucuk api syaitan.

Membalikkan kitaran jahat.

Bebaskan kami daripada hubungan yang tidak menguntungkan dan mempesonakan.

Balikkan semua pengaturan yang jahat.

Kami menentang dan menolak manipulasi dan manipulator.

Kami membalikkan sabotaj atas nama Yesus.

Bapa, bebaskan kami daripada perkara, keadaan, tingkah laku, pola pikir, aktiviti, dan orang yang telah mengganggu, menyekat, mengikat, mencemarkan, menggagalkan, mengalihkan perhatian, dan mengawal kami.

Bebaskan jiwa kami dari mulut singa dan dari bisa ular.

Musnahkan roh ular dengan api-Mu, sama seperti Engkau memimpin bani Israel melalui padang gurun yang besar dan dahsyat itu di mana ular-ular yang berapi-api dan kalajengking hidup dan di mana terdapat kekeringan dan tiada air.

Menurut **Lukas 10:19** , Aku mengambil alih kuasa-Ku atas ular dan kalajengking dan memerintahkan agar kami tidak akan mengalami sebarang bahaya.

Kita buang semua keterikatan syaitan.

Bapa, dengan api-Mu tariklah roh ular dari batu karangnya yang tersembunyi.

Biarlah api-Mu memusnahkannya sepenuhnya dalam nama Yesus.
Bapa, kami menyatakan bahawa kami bebas.

Biarlah kuasa anti-bisa darah Yesus Kristus melindungi kita daripada aktiviti berbisa roh ular.

Menyebabkan aktiviti berbisanya menjadi tidak berkesan dalam hidup kita dan dalam kehidupan orang tersayang, rakan sekerja, pekerja dan rakan sekerja menteri kita.

Letakkan kail di mulut Lewiatan.

Kita tahu kita tidak boleh melawan kuasa ini seorang diri. Engkaulah **Jehovah Gibbor** , Tuhan Yang Maha Kuasa.

Dalam nama Yesus , kami berseru kepada-Mu untuk memusnahkan kesan-kesan yang telah ditimbulkan oleh Syaitan terhadap komuniti, negara, dan bangsa kami.

Kami merayu untuk setiap institusi.

Bapa, kami berdoa untuk keluarga, untuk perkahwinan, untuk gereja, untuk sekolah, dan untuk kerajaan.

Bebaskan kami dari kubu-kubu yang terkurung.

Kami membuat keputusan dan mengisytiharkan bahawa ekonomi kita bebas daripada kemelesetan dan litigasi.

Dalam nama Yesus , kami mengisytiharkan dan mendeklarasikan bahawa masyarakat dan komuniti kami bebas daripada keganasan, pengangguran, buta huruf, kemiskinan, kehilangan tempat tinggal, rogol, keganasan rumah tangga, tanpa undang-undang, sumbang mahram, ketagihan alkohol, penyalahgunaan dadah, penyelewengan, sekularisasi, ilmu sihir, aktiviti kultus, teknologi syaitan, sihir, kemarau, kesusahan ekonomi, penyakit sosial berjangkit, anti-Semitisme, pengguguran, jenayah kebencian, pembersihan etnik, sikap acuh tak acuh, dan kebodohan syaitan.

Bapa, kami menitahkan dan mengisytiharkan bahawa keluarga-keluarga bebas daripada keganasan rumah tangga yang jahat, sumbang mahram, disfungsi, kelaparan, kekurangan, rasa malu, penderaan kanak-kanak, dan pengabaian.

Perkahwinan kami bebas daripada kecurangan, zina, penderaan pasangan, pemecahan perjanjian, perceraian, dan pengabaian emosi, fizikal, dan kewangan.

Perniagaan kami bebas daripada jenayah kolar putih, muflis dan kehilangan pelanggan serta klien.

BAHAGIAN 6 — Kepimpinan & Kerajaan

Sekolah, kolej dan universiti kita bebas daripada kejahilan, indoktrinasi sekular dan humanistik, penyelewengan, keganasan geng, dadah, permintaan haram, penyimpangan dan buta huruf.

Gereja-gereja kita bebas daripada kompromi, keduniawian, kesuam-suam kuku, keduniawian, anti-Semitisme, humanisme, perpecahan, penganiayaan, kawalan agama, denominasi, tidak bermoral, dan urusan yang tidak beretika.

Kerajaan kita bebas daripada kezaliman, kediktatoran, rampasan kuasa, ketamakan, rasuah, kecurian, kekejaman, kekerasan, ketidakpekaan, kefanatikan, dan berat sebelah.

Kami mengisytiharkan dan memutuskan bahawa kerajaan yang adil dan bermoral menggantikan tadbir urus yang zalim.

Kami mengisytiharkan bahawa mereka yang berada di tempat tinggi dan berkedudukan tinggi yang tidak bermaksud baik untuk kami digantikan dengan mereka yang bermaksud baik untuk kami.

Bawalah keselarasan kepada kerajaan dan pemimpin dunia kita.

Kita tahu bahawa hati raja, permaisuri, presiden, naib presiden, dan perdana menteri berada di tangan Tuhan. Selamatkan pemimpin dunia kami dan lindungi minda dan hati mereka daripada penindasan dan godaan syaitan.

Berikanlah mereka kebijaksanaan untuk memimpin dengan kebenaran dan belas kasihan sebagai sahabat mereka.

Berikan mereka bimbingan moral dan etika.

Kami berdoa untuk majistret, gabenor, parlimen, senator, pegawai bandar, ahli kongres, wanita kongres, wakil dewan undangan, mahkamah agung, hakim keamanan, pegawai polis, ahli bomba, penggubal undang-undang negeri, gabenor persekutuan dan negeri, perancang bandar, ahli politik, dan pembuat dasar.

Kami berseru agar setiap sistem dibawa ke dalam penyelarasan ilahi dalam nama Yesus.

Bawalah keselarasan ilahi ke dalam setiap aspek sistem ini:

Sistem alam sekitar.
Sistem pendidikan. Sistem ekonomi. Sistem budaya. Sistem pertahanan. Sistem kerohanian. Sistem perubatan. Sistem hiburan. Sistem teknologi. Sistem kerajaan dan politik. Sistem astronomi. Sistem saintifik.

Aku menitahkan dan mengisytiharkan bahawa kawasan kejiranan, komuniti, bandar, paroki, daerah, dan negara kita akan bangkit dan bersinar, kerana cahayamu telah datang dan kemuliaan Tuhan telah terbit ke atasmu.

Kamu akan makmur dan berada dalam keadaan ekonomi yang baik sepertimana jiwa-jiwa bandar, komuniti dan negara ini makmur.

Kamu hendaklah mematuhi perintah Tuhan.

Kamu akan mengenal Tuhan Abraham, Ishak, dan Yakub.

Kekayaan laut akan ditukar dan memberi impak positif kepada ekonomi negara-negara.

Kamu akan mengenal Yehuwa, satu-satunya Tuhan yang benar.

Pintu-pintu gerbangmu akan menerima kekayaan bangsa-bangsa.

Kamu akan dipelihara dan dikurniakan kehadiran kerabat diraja.
Tuhan akan memberikan emas sebagai ganti gangsa.

Tuhan akan memberikan perak sebagai ganti batu.

Keganasan tidak akan lagi kedengaran di negerimu.

Damai sejahtera akan menjadi pemerintahmu dan kebenaran akan menjadi pemerintahmu.

Kamu tidak akan mengalami kehancuran dan kebinasaan.

Sebagai suatu bangsa kamu tidak akan runtuh, dan kebinasaan tidak akan kekal di dalam wilayahmu.

Kejahatan dan kegelapan akan dibasmi, kerana Tuhan akan menjadi terang abadi dan kemuliaanmu.

Hari-hari kesedihan, perjuangan, dan kesusahanmu akan berakhir.

Hati orang ramai akan bersukacita lagi apabila mereka meletakkan harapan mereka kepada Tuhan.

Kesedihan dan kemurunganmu akan digantikan dengan sukacita Tuhan.

Kekuranganmu akan digantikan dengan kelimpahan.

Prasangka dan pengkhianatan anda akan digantikan dengan meraikan pelbagai bangsa dan budaya.

Kemurahan Tuhan akan meliputi engkau seperti air yang menutupi laut.
Anak-anak lelaki dan perempuan di tanah airmu akan membesar menjadi pemimpin, inovator, perintis, dan piawaian kecemerlangan, kejujuran, integriti, kredibiliti, kebenaran, dan kelakuan beretika yang hebat.

BAHAGIAN 7 — Peperangan Peribadi

Aku memutuskan kepala kuasa-kuasa seperti ular sawa yang cuba mencekik, mencekik, bertakung, melumpuhkan, dan menghancurkan.

Biarlah pedang Roh itu memotong kepala roh seperti ular tedung yang menyerang dengan lidahnya dan bertanggungjawab untuk memukau , rayuan, keganasan, keterlibatan ego, manipulasi, kawalan minda, aktiviti mengubah takdir, ilmu hitam, ilmu putih, ramalan, demonologi, gerakan Zaman Baru, Santería , heks, sihir, jampi-jampi, penembusan mimpi, penipuan, dan fokus yang terganggu.

Biarlah api Tuhan yang menghanguskan segala-galanya memusnahkan roh seperti ular sawa yang menguasai, menciptakan beban palsu, menjengkelkan, dan menelan berkat.

Segala sesuatu yang telah ditelan, ditimpa, atau dijengkelkan oleh musuh, aku perintahkan untuk diludahkan, dibatukkan, dan dilepaskan.

Aku perintahkan anak-anak kita dibebaskan.
Aku perintahkan agar perkahwinan kita ditamatkan.
Aku perintahkan supaya wang kita dikeluarkan.
Saya perintahkan perniagaan kami dilepaskan.
Aku perintahkan peluang kita untuk dilepaskan.
Aku perintahkan kekayaan kita dilepaskan.
Aku perintahkan takdir kita untuk dilepaskan.
Aku perintahkan kejayaan kita untuk dilepaskan.
Aku perintahkan rumah-rumah kita dilepaskan.
Aku perintahkan tujuan kita untuk dilepaskan.
Aku perintahkan keajaiban kita dilepaskan.
Dalam nama Yesus, lepaskan berkat kami .

Bapa, kami memuji-Mu.

Kami tahu bahawa Engkau mendengar kami sekarang juga. Kami berhenti sejenak untuk memuji-Mu.

Kami memberikan kemuliaan kepada-Mu.

Kami memuliakan-Mu, ya Tuhan, kerana kami sedar bahawa tanpa doa seolah-olah tiada apa yang berlaku.

Bapa, kami bangkit ke arah kuasa doa yang lebih tinggi.

Kita beralih ke kedudukan yang berkuasa dan berkuasa. Kami bersyukur kepada-Mu, Ya Tuhan, atas mereka yang sudi mendengar.
Kami bersyukur kepada-Mu kerana hidup mereka sedang diubahkan.
Kami bersyukur kepada-Mu atas pemulihan ilahi.

Keadaan akan berubah.

Mereka mesti berubah.

Bapa, kami memohon kepada bilik takhta syurga.

Kami bersyukur kepada-Mu kerana walaupun kami berjaya dalam doa, ramai di dalam Alkitab telah mengangkat hati dan semangat mereka kerana mereka faham bahawa jika Engkau tidak campur tangan, tidak akan ada campur tangan.
Sama seperti bani Israel berseru kepada-Mu dan Engkau mengutus mereka sebagai pembebas, hari ini kami berseru kepada-Mu.

Biarlah mereka keluar dari kubur.

Biarkan mereka keluar dari tembok.

Kita memanggil anak-anak Tuhan.

Kami memerintahkan mereka untuk dibebaskan dalam nama Yesus.

Bapa, dalam nama Yesus, lepaskan segala yang telah ditahan dan ditahan oleh musuh secara haram.

Biarlah kuasa Roh Kudus dan kuasa dari tempat tinggi memusnahkan roh seperti ular derik yang menyebabkan pencemaran berbisa dan gosip jahat.

Biarlah lidah mereka melekat pada langit-langit mulut mereka.

Semangat ini menyebabkan hubungan yang toksik dan berbahaya.

Ia menyebabkan kesakitan dan ketidakselesaan.
Ia menyebabkan kekeliruan.
Ia menyebabkan pendarahan kegembiraan, kedamaian, kewangan, dan sumber semula jadi dan rohani.

Bapa, aku menitahkan dan mengisytiharkan bahawa tidak akan ada lagi pendarahan.

Kegembiraan kita tidak akan luntur.
Kedamaian kita tidak akan terpancar.
Sumber kita tidak akan mengalami pendarahan lagi.

Balut luka itu.

Bapa, kami menitahkan dan mengisytiharkan bahawa kemerosotan, kekeliruan, kekecewaan, dan kemusnahan telah dimusnahkan.
Setiap jenis kematian yang disebabkan oleh roh ini—dakwaan, hubungan yang kesat, dan kematian—diterbalikkan.

Saya membuat keputusan dan mengisytiharkan bahawa ini dibatalkan.

Kita telah dibebaskan.
Anak-anak kita dibebaskan.
Orang tersayang kita telah dibebaskan.

Kita campur tangan sekarang melalui doa.

Kami memintas aktiviti roh-roh ini dalam nama Yesus.

Bapa, kami memutuskan bahawa kami tidak akan menyimpan kepahitan, kepalsuan, kecemburuan, fitnah, iri hati, pembangkangan, atau rasa bersalah di hati kami terhadap sesiapa pun.

Roh-roh ini tidak akan mengawal kita.

Bebaskan kita daripada emosi negatif.

Bapa, kami datang melawan pemburu malam—mereka yang menyamar dan mereka yang meluncur di bawah batu untuk bersembunyi, menunggu saat yang tepat untuk menyerang.

Kami bongkarkan sandiwara mereka.

Kami menitahkan dan mengisytiharkan bahawa penyamaran, kepalsuan, kebersamaan, kepalsuan, dan kemunafikan telah didedahkan.
Penyamaran kepalsuan didedahkan dalam nama Yesus.

Kepalsuan, aktiviti penipuan, ketidaksetiaan, dan penipuan—kami memusnahkan anda dengan kuasa Tuhan.

Kami memutuskan bahawa setiap senjata yang dibentuk untuk melawan kami tidak berdaya.

Setiap ancaman yang dibina terhadap kita tidak berfungsi dengan baik.
Setiap kontrak yang jahat adalah terbatal.
Setiap kempen fitnah gagal.
Setiap sumpahan jahat diterbalikkan dan dihantar kembali kepada pencetusnya dua kali ganda.
Setiap ular rohani, serigala berbulu domba, gagak, burung hering, lintah, dan pontianak lumpuh dalam nama Yesus.

BAHAGIAN 8 — Peperangan Peribadi

Ayah, musnahkan roh seperti anaconda itu.

Bebaskan kami dari perairan yang besar, roh air, roh-roh kedalaman, dan roh-roh dunia bawah.

Bapa, kami menitahkan dan mengisytiharkan bahawa kami tidak akan terbebani atau lemas dalam kesedihan, kesedihan, kemurungan, ketidakberdayaan, keputusasaan, atau kematian dalam nama Yesus.

Engkau telah memerdekakan kami. Barangsiapa yang dimerdekakan oleh Anak , ia sungguh merdeka.

Bapa, kami bersyukur kepada-Mu, ya Tuhan. Kami akan keluar.

Kami tidak kehilangan nafas.

Kami tidak hilang kawalan.

Bapa, Engkaulah yang berkuasa atas hidup kami.

Kita seperti Ayub. Kita berkata, "Walaupun Engkau membunuh kami, namun kami akan percaya kepada-Mu," kerana kami tahu bahawa Penebus kami hidup.

Bapa, sebabkan ketakutan melanda hati musuh-musuh kami dengan guruh, hujan batu, dan bara api-Mu.

Musnahkan mereka dengan api, kilat, dan penghakiman yang menyala-nyala.

Silaukanlah anak panah-Mu dan hentikanlah mereka di jalan mereka.

Menjadikan senjata beracun mereka yang seperti taring tidak berkesan.

Patahkan taring mereka.

Kurniakanlah kami kekebalan dengan kuasa antivirus darah Yesus Kristus.

Musnahkan telur ular—kerja-kerja kegelapan untuk bersarang, mengandung, dan mengeram—sebelum ia menetas.

Musnahkan roh seperti ular beludak itu dalam nama Yesus.

Kami menitahkan dan mengisytiharkan bahawa walaupun roh-roh ini cuba bersarang dan mengeram rancangan mereka, kami tidak akan dicederakan oleh roh-roh Yudas, Izebel, Ahitofel, Absalom, Haman, Sanbalat orang Horon , Tobia orang Amon, Firaun, dan Kain.

Biarlah pedang musuh kita menembus hati mereka sendiri ketika mereka melengkungkan busur mereka.

Biarlah senjata mereka patah dan tidak dapat dibaiki lagi.

Biarkan anak panah mereka hancur berkecai.

Padamkan api ular terbang yang berapi-api itu dan jatuhkan ia sehingga mati dan binasa sendiri.

Biarlah musuh yang merancang kejahatan kita berundur dan dikelirukan.

Dalam nama Yesus, remukkan kepala musuh dan lukakan kulit kepala orang jahat yang berbulu.

Biarlah dia dibunuh oleh kejahatannya sendiri dan tidak akan bangkit lagi.

Biarlah roh penipu Laban, yang beroperasi di pasar, didedahkan.

Berikanlah dia rasa malu dan aib sebagaimana Engkau menjadikan aku menang atasnya.

Aku mengambil alih kuasa ke atas roh manusia yang digunakan sebagai tuan rumah syaitan, hotel, dan rumah tumpangan—sama ada mereka kawan, saudara, rakan niaga, rakan sekerja, rakan sekutu, anak lelaki dan perempuan rohani, atau anak didik.

Bapa, tunjukkan hati mereka.

Dedahkan motif dan niat mereka.

Dedahkan rakan, rakan sekutu, pekerja dan rakan sekerja palsu dalam nama Yesus.

Hentikan penyamaran mereka.

Bongkar identiti sebenar mereka.

Dedahkan agenda tersembunyi mereka.

Dedahkan daya penggerak di sebalik tugasan jahat mereka.

Biarlah pertanyaan jahat, misi mencari kesalahan, unjuran astral, dan cadangan jahat gagal.

Biarlah mereka gagal sekarang dalam nama Yesus.

Bapa, kami menitahkan dan mengisytiharkan bahawa tangan-Mu terhulur, menyebabkan mata jahat juruukur dan pengawasan setan dibutakan.

Musnahkan persaingan dan persaingan yang iri hati.

Patahkan tulang belakang konspirasi, kezaliman, dan pengkhianatan.

Pemerhati syaitan yang buta dan mereka yang mengganggu melalui alat astrologi dan ghaib.

Menyebabkan telinga roh-roh yang mencuri dengar menjadi pekak.

Kita menentang roh-roh antagonis, roh-roh kuno, roh-roh yang menjengkelkan, roh-roh yang tidak rasional, roh-roh yang diperkuat, roh-roh yang mengecewakan, roh-roh yang membalas dendam, roh-roh yang memprovokasi, roh-roh yang berbohong, roh-roh yang menentang, dan roh-roh yang menipu.

Roh-roh yang menggugurkan kandungan, roh-roh Filistin, dan roh-roh Amori dibinasakan.

Kita menentang roh-roh yang mematikan minda dan mengawal serta menghalang mereka daripada merampas fikiran yang berasal dari fikiran Kristus.

Wawasan dan wahyu Ilahi akan mengalir.

Idea kreatif dan ciptaan yang bernas akan mengalir.
Kebijaksanaan akan mengalir.

Konsep, strategi dan taktik canggih kami akan mengalir dengan bebas.

Perkara-perkara yang cuba dihalang oleh musuh kini akan mengalir.

Idea kita akan mengalir.

Kebijaksanaan kita akan mengalir.

Konsep canggih kita akan terus berkembang.

Kami akan beroperasi di landasan inovasi dan kecemerlangan yang canggih dalam industri dan bidang kami atas nama Yesus.

Kita membutakan rangkaian dan pakatan syaitan.

Biarlah komunikasi jahat mereka dikelirukan.

Mengelirukan fikiran mereka.

Berbelah bahagi lidah mereka.

Musnahkan rancangan mereka.

Malulah mereka yang ingin menjatuhkan kita dalam nama Yesus.

Menurut Mazmur 69:22–28:

Biarlah meja mereka menjadi jerat di hadapan mereka.
Biarlah apa yang sepatutnya untuk kesejahteraan mereka menjadi perangkap.
Biarlah mata mereka digelapkan sehingga mereka tidak dapat melihat.

Buatlah pinggang mereka sentiasa gemetar.
Curahkanlah kemurkaan-Mu ke atas mereka.

Biarlah murka-Mu yang berkobar-kobar menguasai mereka.
Biarlah tempat kediaman mereka menjadi sunyi sepi.
Janganlah seorang pun tinggal di dalam khemah, rumah, tempat tinggal, atau istana mereka.

Tambahkanlah kejahatan kepada kejahatan mereka, dan jangan biarkan mereka masuk ke dalam kebenaran-Mu.

Biarlah mereka dihapuskan dari kitab orang hidup dan janganlah ditulis bersama orang benar.

BAHAGIAN 9 — Perisytiharan Nubuat Peribadi

Aku menentang setiap kemajuan yang direka untuk memusnahkan hidupku, pengaruhku, pelayananku, perniagaanku, kemakmuranku, hubunganku, dan peluangku.

Aku melepaskan diri dari ikatan syaitan dan menentang sihir.

Bapa, putuskan ikatan rohani, perjanjian, kontrak, kewajiban, dan sumpah yang menyalahi undang-undang dalam nama Yesus.

Aku membalikkan pencemaran syaitan.

Biarlah darah Yesus menyucikan dan membersihkan jiwa dan rohku.

Dengan nama-Mu aku membebaskan diri daripada setiap fikiran jahat, kuasa psikik, unjuran, cadangan dan sindiran yang direka untuk menghalang, menyesatkan, atau mengelirukan.

Musnahkan pemindahan rohani yang jahat.

Batalkan ikatan jiwa yang haram dan kekusutan ego.

Bongkar dan putuskan setiap hubungan yang tidak bermoral.

Basuhlah aku, dan aku akan menjadi bersih.

Bebaskan aku daripada manipulasi emosi syaitan.

Aku menghapuskan roh-roh sabotaj, rayuan, dan penipuan.
Aku tidak akan direndahkan, dipandang rendah, atau dipandang rendah.

Saya membatalkan fitnah keperibadian melalui fitnah.
Saya membalikkan reputasi buruk dan stigmatisasi melalui pergaulan.
Saya mengisytiharkan bahawa semua pencemaran diselaraskan semula oleh darah Yesus.
Saya mengisytiharkan bahawa nama saya dikaitkan dengan kejujuran, integriti, kebenaran, kesucian, ketelusan, dan kesucian.

Menggagalkan dan menggagalkan rancangan peramal jahat.

Ayah, terbalikkan perintah jahat.

Mengecewakan mereka yang bertindak dalam semangat Haman.

Membatalkan dan memveto perundangan, dasar dan peraturan yang berasal dari kejahatan.

Dedahkan dan aibkan musuh dalam semua rancangan, strategi, taktik, plot, dan cara licik mereka.

Saya telah memberikan tentangan.

Biarlah api Tuhan memusnahkan aktiviti musuh.

Mereka yang telah membina jerat syaitan dan perangkap iblis—biarkan rancangan mereka dibatalkan dan tugasan mereka digagalkan.

Dedahkan dan bongkarkan rakan usaha sama dan kolaborasi jahat.

Biarlah orang-orang yang telah berkumpul melawan aku berserak-serak dan tidak akan berkumpul kembali.

Biarlah mata mereka digelapkan sehingga mereka tidak dapat melihat.
Biarlah telinga mereka tersumbat sehingga mereka tidak dapat mendengar.
Biarlah mereka mencari rezeki di tempat-tempat yang sunyi.

Hulurkan tangan-Mu terhadap mereka dan tutupi mereka dengan cela, kehinaan, dan rasa malu.

Dakwalah mereka dengan badai penghakiman dan badai ketidaksenangan.

Buatlah mereka takut akan panah pada siang hari dan ketakutan pada malam hari.

Bangkitlah, ya Tuhan, dan biarkan musuh-musuh-Mu berserak.

Tutuplah setiap pintu dan gerbang bagi Syaitan.

Halang dia masuk ke harta saya.

Jadilah apiku pada waktu malam dan asapku pada waktu siang.

Jangan biarkan musuh menjejaki atau menjejaki aku ketika aku maju dalam tugas kerajaanku dan memenuhi tujuanku.

Sebabkan setiap agen setan yang ditugaskan untuk menunda atau memperlambat berkat-Ku agar kecewa, digagalkan, dan terhalang daripada memenuhi tugasan mereka.

Biarlah setiap firman nubuatan atas hidupku dinyatakan pada waktu dan musimnya yang tepat.

Bapa, aku tegaskan sekali lagi bahawa masa hidupku berada di tangan-Mu.

Hendaklah setiap aktiviti jahat yang berkaitan dengan kesusahan kewangan, kegagalan, dan kemunduran dihentikan.

Bapa, lumpuhkan apa yang menghalangiku daripada mencapai kehebatan.

Gulingkan setiap batu dan bongkah besar yang menghalangi kejayaan kewangan, sosial, fizikal dan rohani saya dalam nama Yesus.

Meneutralkan kesan daripada semua operasi syaitan.

Jatuhkan meja rundingan, perundingan, dan pertukaran yang bersifat syaitan.

Aku mengisytiharkan bahawa setiap meja yang jahat telah digulingkan.

Musnahkan setiap alat, strategi, dan teknologi jahat yang direka untuk kegagalanku.

Aku menang oleh darah Anak Domba dan oleh firman kesaksianku.

Melalui Kristus, aku merempuh jalanku melepasi penjaga pintu gerbang dan penjaga gerbang yang jahat.

Putuskan pintu-pintu gerbang tembaga dan palang-palang besi.

Bukalah mata dan telingaku kepada perkara-perkara Roh.

Jatuhkan dan tolak tugasan roh-roh yang menyebabkan kebutaan dan pekak rohani serta cuba membisukan suaraku.

Aku mengangkat suaraku seperti sangkakala di Sion untuk menyatakan bahawa Yesus adalah Tuhan.

Aku mengisytiharkan bahawa Dia memerintah dan bertakhta atas hidupku dan atas wilayah ini.

Itulah sebabnya Anak Allah telah menyatakan diri-Nya: supaya Ia membinasakan perbuatan musuh.

Tembusi kegelapan dengan cahaya kehadiran-Mu—penerangan, kebijaksanaan, wawasan, dan kuasa.

Jangan biarkan kegelapan memahami, menangkap, atau menghalang pemenuhan tugas-Mu.

Saya kehilangan setiap orang kuat yang berkaitan dengan kebutaan rohani dan ketidakupayaan untuk mendengar daripada Tuhan.

Aku mengikatmu pada satu tugasan baharu—untuk menjadi tumpuan kaki Yesus Kristus.

Aku perintahkan penjara dan tembok untuk dirobohkan.

Aku menembusi setiap kekuatan jahat yang anti-takdir, anti-tujuan, anti-nafsu, anti-ilahi, anti-kejayaan, anti-kemakmuran, dan anti-Kristus.

Demi-Mu, ya Tuhan, aku dapat menerobos sekumpulan orang.

Demi-Mu aku melompati tembok ke alam baru yang penuh dengan kemungkinan dan peluang tanpa batas—alam tanpa batas dan tanpa sempadan.

Saya menerobos masuk ke tempat yang kaya.

Saya meneroka alam ghaib di mana saya berkembang maju, makmur, dan dikekalkan.

Aku menitahkan dan mengisytiharkan: di dalam-Mu aku hidup, di dalam-Mu aku bernafas, dan di dalam-Mu aku wujud.

Saya tinggal di Goshen nubuatan saya.

Ya Tuhan, aku menitahkan agar lingkungan pengaruhku diperluas.
Setiap roh yang menyebabkan kemalangan, kemusnahan, dan kematian pramatang—sama ada melalui laluan air, lebuh raya, atau laluan udara—Aku mengambil alih kuasa ke atas kamu sekarang.

Aku mengikatmu dengan api ilahi dan tabir asap syurgawi.
Aku membutakanmu dengan api ilahi dan tabir asap syurgawi.
Saya memutuskan dan mengisytiharkan bahawa sistem GPS syaitan anda rosak dan musnah tidak boleh dibaiki.

Setiap aktiviti haram akan ditangkap atas nama Yesus.
Saya membalikkan kesannya.

Ya Yehuwa, Engkau telah memberiku kuasa atas segala kuasa musuh.

Kerajaan Sorga menanggung kekerasan, dan orang-orang yang ganas mengambilnya dengan paksa.

Oleh itu, aku memiliki harta bendaku dan mengambilnya secara paksa.

BAHAGIAN 10 — Meterai Doa & Pengisytiharan Penutup

Aku menyatakan menurut **Mazmur 92:8 dan 14** bahawa Tuhanlah Yang Maha Tinggi untuk selama-lamanya.

Sebab sesungguhnya, musuh-musuh -Mu , ya TUHAN, sebab sesungguhnya, musuh-musuh-Mu akan binasa, semua orang yang berbuat jahat akan berserak-serak.

Tetapi tandukku akan Kautinggikan seperti tanduk lembu liar; aku akan diurapi dengan minyak baru.

Mataku akan melihat keinginanku terhadap musuh-musuhku, dan telingaku akan mendengar keinginanku terhadap orang-orang fasik yang bangkit melawan aku.

Orang benar akan bertunas seperti pokok palma,
ia akan tumbuh seperti pokok aras di Lebanon.

Mereka yang ditanam di rumah Tuhan
akan berbuah di pelataran Tuhan kita.

Mereka akan tetap berbuah pada masa tua;
mereka akan segar dan subur.

Aku menyatakan bahawa masa hidupku berada di tangan-Mu.

Oleh itu, saya dibebaskan daripada kitaran, musim, kalendar, dan jadual waktu syaitan.

Aku selaras dengan syurga.
Aku mengikut musim. Aku berada dalam urutan ilahi.
Aku mengaktifkan saat-saat baik dan saat-saat yang diberkati,
dan Aku memusnahkan roh-roh yang mengawal saat-saat buruk, saat-saat sukar, dan saat-saat bergelut.

Oleh kerana masaku berada di tangan-Mu,
aku menitahkan dan mengisytiharkan bahawa tahun ini dan tahun-tahun yang akan datang akan dipenuhi dengan kejadian-kejadian ghaib yang menakjubkan yang akan membawa kegembiraan yang besar kepadaku.

Aku mengusir sauh jahat yang menahanku dalam kitaran—kitaran kemiskinan, kesusahan, kekurangan, perjuangan, penyakit kronik, dan penyakit.

Aku memusnahkan sauh-sauh ini sekarang
oleh Firman, oleh Darah, dan oleh Roh.

Aku berlabuh di dalam Tuhan.
Aku mengisytiharkan dan memutuskan bahawa perjuanganku telah berakhir.
Aku menyatakan kejutan yang tiba-tiba, peningkatan ghaib,
kegembiraan tertinggi dalam Tuhan, kemuliaan yang berkekalan, perkenan, kekayaan, kekuasaan, dan pengaruh.
Saya diurapi untuk musim yang baru.

Perkara lama telah berlalu, dan lihatlah, segala sesuatu telah menjadi baru.

Dengan urapan ini, aku memasuki musim baru
dan menyatakan musim baru yang penuh kekuatan, kedamaian, keutuhan, fokus, kemakmuran dalam pelayanan, dan kemuliaan.

Aku menyatakan bahawa kepalaku tidak akan pernah kekurangan minyak segar.
Aku meningkatkan ketumpatan, konsistensi, dan potensi dalam nama Yesus.
Aku menitahkan bahawa minyak ini bertindak sebagai meterai persetujuan atas hidupku.

Ia menyokong saya.
Ia melengkapkan saya. Ia memperkasakan saya. Ia memberi ruang untuk saya.

Buat aku hidup dalam limpahan.

Tuntunlah aku ke dalam takdir kenabian dan kedudukan yang tinggi melalui Yesus Kristus,
yang di dalam-Nya aku telah memperoleh warisan,
yang telah ditentukan dari semula menurut maksud Dia,
yang melakukan segala sesuatu menurut keputusan kehendak-Nya.

Aku memeteraikan doa ini dalam nama Yesus
dan dengan kuasa Darah-Nya, Firman-Nya, dan Roh-Nya.

Sekarang bagi Dia, yang berkuasa melakukan jauh lebih banyak daripada yang dapat aku minta atau pikirkan
menurut kuasa yang bekerja di dalam aku—
Dalam nama Yesus Kristus,
Saya akan mengakhiri tahun ini dengan penuh semangat
dan memulakan setiap tahun baharu dengan penuh semangat.

Amin. Amin. Dan Amin.

Memahami Lapan (8) Waktu Solat

Di seluruh Kitab Suci, doa dan kewaspadaan rohani sering dikaitkan dengan masa-masa tertentu untuk berjaga-jaga. Para pengawal ditempatkan untuk menjaga kota-kota, memberi amaran tentang bahaya, dan tetap waspada pada waktu yang berbeza siang dan malam.
Dengan cara yang sama, orang percaya dipanggil untuk terus berjaga-jaga secara rohani.
Yesus memberi arahan kepada murid-murid-Nya:

"Berjaga-jagalah dan berdoalah, supaya kamu jangan jatuh ke dalam pencobaan."
(Matius 26:41)

Panduan doa ini mengikuti rentak **lapan jagaan doa** , yang mewakili saat-saat yang disengajakan sepanjang hari untuk mengalihkan perhatian kita kepada Tuhan dalam syafaat. Jam tangan ini tidak memerlukan tempoh doa yang lama. Malah beberapa minit yang difokuskan semasa setiap jam tangan boleh menjadi berkesan apabila dilakukan secara konsisten.

Pengawasan Pertama — 6:00 PG
Permulaan hari.
Jam tangan ini adalah masa untuk mendedikasikan hari ini kepada Tuhan, menyelaraskan hati kita dengan tujuan-Nya, dan menjemput bimbingan-Nya.

Pengawasan Kedua — 9:00 PG
Masa untuk berdoa memohon kebijaksanaan, bimbingan, dan kekuatan untuk tanggungjawab hari ini.

Ramai orang percaya menggunakan jam tangan ini untuk berdoa bagi para pemimpin dalam Gereja dan di seberang gunung-ganang pengaruh.

Pengawasan Ketiga — 12:00 PM
Syafaat tengah hari.
Jam tangan ini sering menjadi saat untuk berhenti sejenak dan menumpukan semula perhatian secara rohani, mengangkat keluarga, komuniti, dan negara di hadapan Tuhan.

Pengawasan Keempat — 3:00 PTG
Waktu yang secara tradisinya dikaitkan dengan doa dalam Gereja awal (Kisah Para Rasul 3:1).
Jam tangan ini adalah masa yang ampuh untuk berdoa memohon campur tangan dan kejayaan ilahi.

Pengawasan Kelima — 6:00 PTG
Dedikasi petang.
Ketika hari beralih, jam tangan ini mengajak orang percaya untuk berdoa untuk perlindungan, pemulihan, dan kedamaian.

Pengawasan Keenam — 9:00 PM
Waktu untuk merenung dan bersyukur atas apa yang telah Tuhan lakukan sepanjang hari.
Ia juga merupakan masa untuk berdoa bagi Gereja dan bangsa-bangsa sebelum memasuki jaga malam.

Pengawasan Ketujuh — 12:00 AM
Solat tengah malam.
Di seluruh Kitab Suci, tengah malam sering menjadi masa kejayaan rohani (Kisah Para Rasul 16:25–26).
Jam tangan ini mewakili peperangan rohani dan syafaat yang lebih mendalam.

Pengawasan Kelapan — 3:00 PG
Jam tangan ketabahan dan doa kenabian.
Ramai pemberi syafaat secara sejarah mendapati jam ini sebagai masa yang ampuh untuk kepekaan rohani dan syafaat yang mendalam.

Jam Tangan Berterusan
Apabila individu, kumpulan, dan gereja berdoa merentasi tempoh jagaan ini, hasilnya menjadi **rantaian doa yang berterusan** .
Corak ini mencerminkan panggilan Yehezkiel 22:30:
"Aku mencari seorang di antara mereka yang akan membangun tembok dan berdiri di celah di hadapan-Ku untuk negeri itu."
Apabila orang percaya mengambil bahagian dalam jagaan ini, mereka menjadi sebahagian daripada gerakan syafaat yang lebih besar untuk Gereja dan bangsa-bangsa.

PENGENALAN

Seruan untuk Berdiri di Jurang

Di seluruh Kitab Suci, setiap kali Tuhan ingin campur tangan dalam urusan bangsa-bangsa, Dia mencari lelaki dan wanita yang mau berdiri di celah itu melalui doa.

Nabi Yehezkiel mencatatkan hati Tuhan ketika Dia berfirman:

"Aku mencari seorang di antara mereka yang akan mendirikan pagar dan berdiri di celah di hadapan-Ku untuk negeri itu, supaya Aku jangan memusnahkannya, tetapi Aku tidak menemuinya."
— Yehezkiel 22:30

Pernyataan ini mendedahkan prinsip rohani yang abadi:
Tuhan bekerja melalui para pendoa syafaat.

Negara-negara bangkit dan jatuh. Budaya berubah. Sistem kuasa mempengaruhi hala tuju masyarakat. Namun di sebalik realiti yang kelihatan ini terdapat kuasa-kuasa rohani yang membentuk peristiwa di bumi.

Atas sebab ini, doa bukan sekadar aktiviti kebaktian.
Doa adalah **penyertaan kerajaan dengan Tuhan** dalam urusan bumi.

Syafaat menjemput syurga untuk campur tangan dalam sistem duniawi.

Tujuh Gunung Pengaruh

Setiap masyarakat dibentuk oleh lingkungan pengaruh utama yang menentukan nilai, budaya dan hala tuju. Ini sering digambarkan sebagai **Tujuh Gunung Pengaruh** :

• Agama
• Keluarga • Pendidikan • Kerajaan • Media dan Komunikasi
• Seni dan Budaya • Perniagaan dan Ekonomi

Gunung-ganang ini mempengaruhi cara orang berfikir, apa yang diraikan oleh masyarakat, dan bagaimana negara ditadbir.

Apabila lingkungan ini dibentuk oleh kebenaran, masyarakat akan berkembang maju. Apabila ia dikuasai oleh rasuah atau kegelapan rohani, seluruh generasi akan menanggung akibatnya.

Atas sebab ini, orang percaya bukan sahaja dipanggil untuk menyebarkan injil tetapi juga untuk **berdoa secara strategik untuk lingkungan pengaruh ini** , meminta Tuhan untuk membangkitkan pemimpin yang berintegriti dan hikmat yang akan menyelaraskan sistem dengan tujuan-Nya.

Kementerian Syafaat

Bible penuh dengan contoh-contoh individu yang berdiri di hadapan Tuhan bagi pihak orang lain.

Abraham berdoa untuk Sodom.
Musa berdoa untuk Israel. Daniel berdoa untuk pemulihan Yerusalem. Ester mempertaruhkan nyawanya untuk pemeliharaan bangsanya.

Yang paling penting, Yesus Kristus sendiri meneruskan pelayanan syafaat hari ini:

"Ia hidup selama-lamanya untuk menjadi Pengantara bagi mereka."
— Ibrani 7:25

Melalui Kristus, orang percaya dijemput untuk mengambil bahagian dalam kerja syafaat yang berterusan ini.

Rasul Paulus mengingatkan kita bahawa Roh Kudus juga membantu kita dalam panggilan ini:

"Roh itu sendiri berdoa untuk kita kepada-Nya dengan keluhan-keluhan yang tidak terucapkan."
— Roma 8:26

Oleh itu, syafaat menjadi perkongsian antara:

• Orang percaya berdoa
• Roh Kudus membimbing • Dan Kristus menjadi perantara di hadapan Bapa.

Doa Berjaga-jaga Empat Puluh Hari

Buku kecil ini direka bentuk sebagai satu **pengawasan syafaat selama 40 hari yang berstruktur** yang diperhatikan setiap tahun dari **17 Mac hingga 25 April** .

Struktur tersebut merangkumi:

- **10 pengaktifan doa pembukaan portal**
- **320 titik doa strategik**
- **Lapan jamuan doa setiap hari**
- **Asas kitab suci untuk syafaat**

Doa-doa ini menegakkan autoriti rohani, menghapuskan tentangan, dan mengajak tujuan Tuhan ke dalam bangsa-bangsa.

Setiap hari puasa merangkumi **lapan waktu solat** , yang mewakili momen rohani yang berbeza sepanjang hari.

Jam tangan ini membantu orang percaya kekal berjaga-jaga secara rohani dan selaras dengan tujuan Tuhan.

Gerakan Global Para Pendoa Syafaat

Tugasan ini bukan bertujuan untuk seorang atau satu kementerian sahaja.

Tuhan sedang membangkitkan jaringan global orang percaya yang memikul beban syafaat untuk Gereja dan untuk bangsa-bangsa.

Melalui terjemahan ke dalam pelbagai bahasa dan penyertaan orang percaya di seluruh dunia, visinya adalah untuk menggerakkan **komuniti di seluruh dunia yang terdiri daripada lebih 10 juta pendoa syafaat** yang akan berdiri bersama dalam doa.

Para pendoa syafaat ini akan berdoa untuk:

• Pemurnian dan perpaduan Gereja
• Keselamatan bangsa-bangsa • Kebijaksanaan untuk pemimpin • Transformasi merentasi Tujuh Gunung Pengaruh.

Peranan Anda dalam Tugasan Ini

Sama ada anda berdoa secara individu, dengan kumpulan doa, atau sebagai sebahagian daripada komuniti gereja, buku kecil ini menyediakan panduan berstruktur untuk membantu anda terlibat dalam syafaat yang terfokus.

Anda dijemput untuk menyertai doa ini dengan penuh iman, kerendahan hati, dan harapan.

Semasa anda berdoa melalui halaman-halaman ini, ingatlah:

Doa mengubah suasana.
Doa melepaskan campur tangan ilahi. Doa menyelaraskan bumi dengan syurga.

Jemputan itu kekal sama hari ini seperti selalu:

Berdiri di celah itu.

Dan melalui syafaat yang setia, semoga kehendak Tuhan terjadi **di bumi seperti di sorga.**

Mandat Pemberi Syafaat

Abraham, Musa, Daniel, Yesus dan Roh Kudus: Berdiri di Jurang

Di seluruh Kitab Suci, Tuhan mendedahkan corak yang konsisten: apabila bangsa-bangsa hanyut ke arah kemusnahan, Tuhan mencari orang yang akan berdiri di hadapan-Nya dalam doa.

Nabi Yehezkiel menangkap realiti ini dengan pernyataan Tuhan yang penuh kuasa:

"Aku mencari seorang di antara mereka yang akan mendirikan tembok dan berdiri di celah di hadapan-Ku untuk negeri itu, supaya Aku jangan memusnahkannya."
(Yehezkiel 22:30)

Syafaat adalah tindakan berdiri di antara langit dan bumi—memohon belas kasihan, keadilan, dan tujuan Tuhan bagi pihak orang lain.

Bible mengemukakan beberapa contoh ampuh tentang mereka yang memenuhi peranan ini.

Abraham: Bersyafaat untuk Kota yang Jahat

Abraham, bapa iman, adalah antara pendoa syafaat terawal yang tercatat dalam Kitab Suci.

Dalam Kejadian 18, Tuhan mewahyukan kepada Abraham bahawa kota Sodom dan Gomora telah menjadi sangat korup dan penghakiman akan segera tiba.

Namun sebelum penghakiman itu jatuh, Tuhan membiarkan Abraham tahu apa yang akan Dia lakukan.

"Patutkah Aku menyembunyikan daripada Abraham apa yang hendak Kulakukan?"
(Kejadian 18:17)

Daripada berdiam diri, Abraham melangkah ke hadapan dengan rendah hati dan berani untuk memohon belas kasihan.

Kejadian 18:22 mencatatkan satu momen yang luar biasa:

"Tetapi Abraham masih berdiri di hadapan Tuhan."

Berdiri di hadapan Tuhan adalah sikap seorang pendoa syafaat.

Abraham merayu kepada keadilan dan belas kasihan Tuhan, bertanya sama ada kota itu boleh diselamatkan jika orang soleh dapat ditemui di dalamnya.

Bermula dengan lima puluh orang dan secara beransur-ansur mengurangkan bilangannya kepada sepuluh orang, Abraham terus merayu untuk belas kasihan.

Setiap permintaan disampaikan dengan rendah hati:

"Sesungguhnya aku ini debu dan abu, telah memberanikan diri untuk berkata-kata dengan TUHAN."
(Kejadian 18:27)

Syafaat Abraham menunjukkan bahawa Tuhan mengajak mereka yang berjalan dekat dengan-Nya untuk mengambil bahagian dalam urusan-Nya dengan dunia melalui doa.

Musa: Bersyafaat untuk Bangsa yang Memberontak

Satu lagi contoh syafaat yang ampuh muncul dalam kehidupan Musa.

Dalam Keluaran 32, umat Israel jatuh ke dalam penyembahan berhala dengan menyembah anak lembu emas. Pemberontakan mereka menimbulkan kemurkaan Tuhan, dan penghakiman kelihatan pasti.

Namun Musa maju ke hadapan untuk menjadi perantara.

Daripada menjauhkan diri daripada orang ramai, Musa lebih rela menerima mereka dan merujuk kepada janji-janji perjanjian Tuhan.

Dia berdoa:

"Tuhan, mengapakah murka-Mu menyala-nyala terhadap umat-Mu yang telah Kaubawa keluar dari Mesir dengan kuasa yang besar?" (Keluaran 32:11)

Musa mengingatkan Tuhan tentang perjanjian-Nya dengan Abraham, Ishak, dan Israel. Dia merayu kepada reputasi Tuhan di kalangan bangsa-bangsa dan memohon belas kasihan.

Melalui syafaatnya, penghakiman dihalang dan rakyat dipelihara.

Detik ini mendedahkan beberapa kebenaran tentang syafaat:

• Pemberi syafaat mengenal pasti diri dengan orang yang mereka doakan.
• Pemberi syafaat merayu kepada janji dan sifat Tuhan. • Syafaat mencari pemulihan dan bukannya kemusnahan.

Daniel: Bersyafaat untuk Bangsa Tawanan

Berabad-abad kemudian, seorang lagi pendoa syafaat muncul semasa krisis negara.

Daniel hidup semasa penawanan Israel di Babilon. Apabila dia membaca nubuat Yeremia dan memahami bahawa tempoh penawanan hampir berakhir, dia menjawab dengan doa dan pertaubatan.

Daniel 9:3 menggambarkan posturnya:

"Kemudian aku menghadapkan wajahku kepada Tuhan Allah untuk berdoa dan memohon dengan berpuasa dan memakai kain kabung dan abu."

Doa Daniel luar biasa kerana dia tidak menjauhkan diri daripada dosa-dosa bangsa itu.

Sebaliknya, dia menyamakan diri dengan orang ramai dan mengakui kegagalan mereka di hadapan Tuhan:

"Kami telah berdosa dan melakukan kejahatan."
(Daniel 9:5)

Syafaat Daniel memohon belas kasihan dan kesetiaan Tuhan pada perjanjian.

Melalui doanya, syurga menjawab. Tuhan mengutus malaikat Jibril dengan wahyu mengenai masa depan Israel dan kedatangan Mesias.

Contoh Daniel menunjukkan bahawa syafaat bukan sahaja boleh mempengaruhi keadaan semasa tetapi juga generasi akan datang.

Yesus: Pendoa Syafaat Terbaik

Walaupun Abraham, Musa, dan Daniel menunjukkan kuasa syafaat, pendoa syafaat terhebat dalam sejarah ialah Yesus Kristus.

Yesus bukan sahaja berdoa untuk umat manusia semasa pelayanan-Nya di bumi—Dia terus menjadi syafaat hari ini.

Kitab Suci menyatakan:

"Ia hidup sentiasa untuk menjadi perantara bagi mereka."
(Ibrani 7:25)

Melalui pengorbanan-Nya di kayu salib, Yesus mendamaikan manusia dengan Tuhan. Melalui syafaat-Nya yang berterusan, Dia sentiasa mewakili orang percaya di hadapan Bapa.

Setiap doa yang dipanjatkan selama penjagaan empat puluh hari ini akhirnya mengalir melalui pelayanan Kristus.

Keyakinan kita dalam doa bukan terletak pada kebenaran kita sendiri tetapi pada pekerjaan Yesus yang telah selesai.

Roh Kudus: Bersyafaat dalam Diri Orang Percaya

Sementara Yesus menjadi perantara bagi kita di syurga, Roh Kudus bekerja di dalam diri orang percaya untuk menguatkan dan membimbing doa-doa kita.

Kitab Suci mengajarkan bahawa orang percaya tidak dibiarkan berdoa dengan kekuatan mereka sendiri. Roh Tuhan membantu kita dalam doa, terutamanya pada saat-saat apabila kata-kata tidak mencukupi.

Rasul Paulus menulis:

" Demikian juga Roh membantu kita dalam kelemahan kita; sebab kita tidak tahu, apa yang harus kita doakan sebagaimana mestinya, tetapi Roh sendiri berdoa untuk kita kepada-Nya dengan keluhan-keluhan yang tidak terucapkan."
(Roma 8:26)

Ini bermakna syafaat bukan sekadar usaha manusia. Ia adalah perkongsian antara orang percaya dan Roh Tuhan.

Apabila orang percaya berdoa, Roh Kudus menyelaraskan doa mereka dengan kehendak Tuhan.

Orang Mukmin sebagai Bait Allah

Kitab Suci juga mendedahkan bahawa orang percaya sendiri adalah tempat kediaman Tuhan.

Paulus menulis:

"Tidak tahukah kamu, bahawa kamu adalah bait Allah dan bahawa Roh Allah diam di dalam kamu?"
(1 Korintus 3:16)

Oleh kerana Roh Tuhan diam di dalam diri orang percaya, kehidupan orang percaya menjadi tempat perlindungan yang hidup di mana persekutuan dengan Tuhan berlaku.

Yesus menyatakan bahawa rumah Tuhan bertujuan untuk menjadi **rumah doa** (Matius 21:13).

Realiti ini melangkaui bangunan dan perhimpunan. Umat Tuhan sendiri menjadi rumah doa yang hidup.

Sebagai bait Roh Kudus, orang percaya membawa di dalam diri mereka ajakan berterusan untuk bersekutu dengan Tuhan.

Rumah Doa yang Hidup

Apabila Roh Kudus diam di dalam diri orang percaya, doa tidak lagi terhad kepada saat atau lokasi tertentu.

Roh Kudus membentuk dalam diri orang percaya suatu kesedaran yang berterusan tentang kehadiran Tuhan.

Melalui Roh:

• Hati kita tergerak untuk berdoa
• Beban kita dibentuk oleh tujuan Tuhan • Petisyen kita selaras dengan kehendak Tuhan

Dengan cara ini, orang percaya menjadi mezbah syafaat yang hidup.

Roh Kudus mendorong doa untuk keluarga, untuk gereja, untuk pemimpin, dan untuk negara.

Apa yang bermula sebagai dorongan kecil di dalam hati sering menjadi tindakan syafaat yang kuat di hadapan takhta Tuhan.

Perkongsian dalam Syafaat

Oleh itu, pelayanan syafaat melibatkan perkongsian yang indah:

- **Yesus menjadi perantara bagi kita di hadapan Bapa.**
- **Roh Kudus menjadi perantara di dalam kita.**
- **Orang percaya menjawab dalam ketaatan melalui doa.**

Melalui perkongsian ini, tujuan Tuhan akan tercapai di bumi.

Ketika orang percaya memasuki penjagaan doa selama empat puluh hari ini, mereka tidak berdoa sendirian.

Roh Tuhan bekerja di dalam mereka, membantu mereka memikul beban syafaat.

Dan Kristus sendiri berdiri di hadapan Bapa sebagai Imam Besar yang kekal, mempersembahkan doa-doa orang-orang kudus.

Panggilan untuk Menjadi Rumah Doa

Semasa anda menyertai musim puasa dan syafaat ini, ingatlah bahawa doa bukan sekadar sesuatu yang anda lakukan.

Ia adalah sebahagian daripada diri anda sebagai bait suci Tuhan yang hidup.

Roh Kudus di dalam diri anda sedia membimbing doa-doa anda, menguatkan iman anda, dan menyelaraskan hati anda dengan kehendak Tuhan.

Semoga penjagaan empat puluh hari ini membangkitkan dalam dirimu kehidupan persekutuan yang lebih dalam dengan Tuhan.

Dan semoga hidupmu menjadi seperti yang diisytiharkan oleh Yesus sebagai rumah Tuhan yang sepatutnya sentiasa ada:

Sebuah rumah doa.

Tujuh Gunung Pengaruh

Bagaimana Mereka Membentuk Dunia Kita

Sepanjang sejarah, masyarakat telah dibentuk oleh lingkungan pengaruh utama yang menentukan bagaimana orang berfikir, hidup, dan mentadbir diri mereka sendiri.

Bidang-bidang ini mempengaruhi nilai, budaya, undang-undang, pendidikan, ekonomi dan hala tuju kerohanian. Apabila bidang-bidang ini selaras dengan kebenaran, negara akan berkembang maju. Apabila ia dikuasai oleh rasuah, penipuan dan ketidakadilan, masyarakat akan mengalami kekeliruan dan kemerosotan.

Ramai pemimpin Kristian telah menggambarkan kawasan-kawasan ini sebagai **Tujuh Gunung Pengaruh** kerana tahap autoriti dan impak yang dibawanya dalam membentuk tamadun.

Panggilan para pendoa syafaat bukan sahaja untuk berdoa bagi individu, tetapi juga untuk berdoa bagi transformasi struktur-struktur berpengaruh ini supaya tujuan Tuhan dapat tercermin dalam kehidupan bangsa-bangsa.

Apabila orang percaya berdoa secara strategik untuk gunung-ganang ini, mereka meminta Tuhan untuk membawa **kebijaksanaan, kebenaran, keadilan, dan kebenaran-Nya** ke tempat-tempat yang membentuk masyarakat. **Tujuh gunung tersebut termasuk:**

1. **Agama (Gereja)**
2. **Keluarga**
3. **Pendidikan**

4. **Kerajaan**
5. **Media**
6. **Seni dan Budaya**
7. **Perniagaan dan Ekonomi**

Setiap gunung membawa pengaruh yang besar terhadap cara masyarakat berfungsi.

1. Gunung Agama (Gereja)

Gereja dipanggil untuk menjadi **nurani rohani masyarakat** .

Apabila Gereja kuat, penuh doa, dan berlandaskan kebenaran, ia menjadi sumber kejelasan moral, bimbingan rohani, dan harapan untuk dunia.

Walau bagaimanapun, apabila Gereja menjadi lemah, berpecah belah, atau terganggu, masyarakat sering kehilangan kompas rohaninya.

Yesus menyatakan dalam Matius 21:13:

"Rumah-Ku akan disebut rumah doa."

Para pendoa syafaat berdoa untuk Gereja agar Gereja tetap suci, bersatu, berani, dan setia kepada Injil Yesus Kristus.

2. Gunung Keluarga

Keluarga adalah **asas kepada setiap masyarakat** .

Dalam keluargalah nilai, identiti, keperibadian, dan kepercayaan mula-mula dibentuk. Keluarga yang sihat melahirkan komuniti yang stabil dan negara yang kuat.

Apabila keluarga berpecah belah, generasi sering bergelut dengan ketidakstabilan, kekeliruan, dan kehilangan arah.

Kitab Suci mengajarkan bahawa Tuhan menginginkan pemulihan dalam keluarga:

"Ia akan membuat hati bapa-bapa berbalik kepada anak-anaknya, dan hati anak-anak kepada bapa-bapa mereka."
(Maleakhi 4:6)

Para pendoa syafaat berdoa untuk keluarga kerana kesihatan generasi akan datang bergantung kepada mereka.

3. Gunung Pendidikan

Pendidikan membentuk cara manusia berfikir dan bagaimana pemimpin masa depan dibentuk.

Sekolah, universiti dan institusi pembelajaran mempengaruhi pandangan dunia seluruh generasi. Idea yang diajar di dalam bilik darjah sering menjadi dasar, teknologi dan sistem yang membentuk masa depan.

Atas sebab ini, orang percaya berdoa agar kebenaran, kebijaksanaan, dan integriti akan membimbing mereka yang mengajar dan mereka yang belajar.

Daniel dan rakan-rakannya menunjukkan bagaimana hikmat Tuhan dapat mempengaruhi persekitaran pembelajaran:

"Allah mengaruniakan kepada mereka pengetahuan dan kepandaian dalam segala ilmu pengetahuan dan hikmat."
(Daniel 1:17)

Syafaat di atas gunung pendidikan mencari kebijaksanaan Tuhan untuk pelajar, guru, dan institusi.

4. Gunung Kerajaan

Kerajaan bertanggungjawab mewujudkan undang-undang, melindungi keadilan, dan mengekalkan ketenteraman dalam masyarakat.

Pemimpin dalam kerajaan membuat keputusan yang mempengaruhi berjuta-juta orang. Dasar mereka mempengaruhi ekonomi, keselamatan negara, kestabilan sosial dan hubungan antarabangsa.

Kitab Suci menggalakkan orang percaya untuk berdoa bagi mereka yang memerintah:

"Oleh itu aku menasihatkan supaya permohonan, doa syafaat, dan ucapan syukur disampaikan untuk semua orang, untuk raja-raja dan untuk semua pembesar."
(1 Timotius 2:1-2)

Para pendoa syafaat berdoa untuk para pemimpin kerajaan agar kebenaran, keadilan, dan kebijaksanaan akan membimbing keputusan nasional.

5. Gunung Media dan Hiburan

Media dan Hiburan membentuk cara orang menerima maklumat dan mentafsir peristiwa yang berlaku di sekeliling mereka.

Melalui televisyen, radio, platform digital, kewartawanan dan media sosial, naratif dibentuk yang mempengaruhi persepsi awam dan nilai-nilai budaya.

Disebabkan jangkauannya, media mempunyai kuasa sama ada untuk menyebarkan kebenaran atau untuk menguatkan penipuan.

Orang yang beriman berdoa agar kebenaran, integriti, dan kebijaksanaan akan membimbing mereka yang berkomunikasi kepada orang ramai.

6. Gunung Seni dan Budaya

Seni dan budaya mempengaruhi imaginasi, kreativiti dan ekspresi emosi masyarakat.

Muzik, filem, kesusasteraan, seni visual dan hiburan membentuk cara orang melihat keindahan, moral, identiti dan makna.

Di seluruh Kitab Suci, kreativiti sering digunakan untuk memuliakan Tuhan, daripada pembinaan bait suci hinggalah kepada nyanyian penyembahan yang ditulis dalam Mazmur.

Para pendoa syafaat berdoa agar kreativiti dan pengaruh budaya akan digunakan untuk mencerminkan kebenaran, keindahan, dan harapan.

7. Gunung Perniagaan dan Ekonomi

Sistem perniagaan dan ekonomi menentukan bagaimana sumber dihasilkan, diagihkan dan diuruskan.

Apabila sistem ekonomi berfungsi dengan integriti, masyarakat akan makmur dan peluang akan meningkat. Apabila rasuah menguasai sistem ekonomi, ketidaksamaan dan eksploitasi sering berlaku.

Kitab Suci mengingatkan orang percaya bahawa Tuhan adalah sumber hikmat untuk kemakmuran dan pengelolaan.

Para pendoa syafaat berdoa agar para pemimpin perniagaan akan beroperasi dengan integriti, keadilan, dan rasa tanggungjawab terhadap masyarakat.

Mengapa Syafaat untuk Tujuh Gunung Penting

Tujuan berdoa untuk gunung-ganang ini bukanlah penguasaan atau kawalan. Matlamatnya adalah transformasi.

Apabila kebenaran mempengaruhi struktur yang membentuk masyarakat, orang ramai mengalami keadilan, peluang, keamanan, dan kejelasan moral yang lebih besar.

Yesus mengajar pengikut-pengikut-Nya untuk berdoa:

" Datanglah Kerajaan-Mu . Jadilah kehendak-Mu di bumi seperti di sorga."
(Matius 6:10)

Melalui doa, orang percaya bekerjasama dengan tujuan Tuhan untuk dunia.

Syafaat menjadi cara untuk mengundang hikmat dan pemerintahan Tuhan ke dalam setiap lingkungan pengaruh manusia.

Semasa anda berdoa sepanjang empat puluh hari akan datang, anda akan berdiri di celah bukan sahaja untuk individu tetapi juga untuk **struktur yang membentuk negara dan generasi** .

Cara Menggunakan Panduan Solat Ini

Panduan doa ini telah direka bentuk sebagai **rangka kerja syafaat yang tersusun** untuk membantu orang percaya berdoa secara strategik untuk Gereja, para pemimpin, dan bangsa-bangsa.

Ia boleh digunakan **secara peribadi, dalam kumpulan doa, atau oleh seluruh komuniti gereja** yang merasakan panggilan untuk berdiri di jurang bagi bangsa-bangsa.

Panduan ini disusun dalam tiga bahagian utama:

1. **Deklarasi Pembukaan dan Pengedapan Portal (10 Bahagian)**
2. **40 Hari Poin Doa Strategik yang terdiri daripada 320 Poin Doa**
3. **Lapan Jam Doa Harian – 320 Titik Doa**

Setiap bahagian mempunyai tujuan tertentu dalam menyediakan pendoa syafaat untuk berdoa dengan autoriti, penjajaran, dan perlindungan rohani.

1. Pengisytiharan Pembukaan dan Penutupan Portal

Sebelum memulakan doa harian, buku ini menyediakan **sepuluh doa pengaktifan kenabian** bertajuk:

Kuasa Atom Kata-kata Doa (Bahagian 1–10).

Pengisytiharan ini mempunyai beberapa tujuan:

• Menetapkan autoriti rohani dalam Kristus
• Membuka portal doa dalam alam rohani • Mematahkan

tentangan dan gangguan syaitan • Melepaskan deklarasi nubuatan ke atas pendoa syafaat dan wilayah
• Mengunci suasana doa sebelum syafaat bermula

Pengisytiharan ini boleh didoakan dalam salah satu daripada dua cara:

Pilihan 1 — Pengaktifan Solat Tengah Malam

Doakan kesemua **sepuluh bahagian bersama-sama bermula pada tengah malam** , membuka sesi doa untuk hari itu.

Ini mewujudkan autoriti rohani dan menyediakan suasana untuk syafaat hari itu.

Pilihan 2 — Pengawasan Solat Dua Jam

Berdoalah **satu bahagian setiap dua jam** , meliputi penjagaan rohani setiap hari.

Jadual contoh:

12:00 PG – Pembukaan Portal / Bahagian 1
2:00 PG – Bahagian 24:00 PG – Bahagian 36:00 PG – Bahagian 48:00 PG – Bahagian 510:00 PG – Bahagian 612:00 PTG – Bahagian 72:00 PTG – Bahagian 84:00 PTG – Bahagian 96:00 PTG – Bahagian 10 (Pengisytiharan Meterai)

Struktur ini membantu mengekalkan **liputan doa yang berterusan** .

2. Pengawasan Solat 40 Hari

Inti panduan ini adalah **tempoh 40 hari syafaat yang difokuskan** yang diperhatikan setiap tahun dari:

17 Mac hingga 25 April

Selama empat puluh hari ini, orang percaya digalakkan untuk berpuasa dan berdoa sebagaimana yang dipimpin oleh Tuhan.

Setiap hari merangkumi:

• **Lapan poin doa strategik**
• **Dua ayat asas**
• **Syafaat yang disasarkan untuk Tujuh Gunung Pengaruh**

Sepanjang empat puluh hari tersebut, pendoa syafaat akan berdoa **sebanyak 320 poin doa strategik** .

Doa-doa ini membincangkan keadaan rohani yang mempengaruhi:

* Gereja atau sistem dan organisasi Keagamaan
* Media dan Hiburan
* Perniagaan dan Ekonomi
• Keluarga • Negara • Pemimpin • Sistem budaya

3. Lapan Waktu Solat Harian

Doa-doa tersebut disusun sekitar **lapan giliran jaga dalam sehari** , mewakili kewaspadaan rohani yang berterusan.

Jam tangan ini secara tradisinya disambut pada waktu-waktu berikut:

6:00 PG
9:00 PG12:00 PTG3:00 PTG6:00 PTG9:00 PTG12:00 PG3:00 PG

Setiap tempat solat boleh didoakan semasa salah satu waktu solat ini.

Ritma ini membolehkan orang yang beriman mengekalkan **liputan doa yang konsisten sepanjang hari** .

4. Berdoa Secara Individu atau Berkumpulan

Panduan ini boleh digunakan dalam beberapa cara:

Doa Individu

Seorang penganut individu boleh berdoa melalui panduan semasa ibadah peribadi dan berpuasa.

Kumpulan Doa

Kumpulan kecil boleh membahagikan waktu solat antara peserta, memastikan liputan solat yang berterusan.

Syafaat Gereja

Gereja-gereja boleh menggunakan panduan ini semasa musim puasa korporat atau perhimpunan doa.

5. Berdoa dengan Harapan

Semasa anda berdoa melalui halaman-halaman ini, ingatlah bahawa syafaat bukan sekadar melafazkan kata-kata.

Ia **berdiri di hadapan Tuhan bagi pihak orang lain** .

Berdoalah dengan:

• Iman kepada janji-janji Tuhan
• Kepekaan terhadap pimpinan Roh Kudus • Jangkaan bahawa Tuhan akan campur tangan dalam urusan bangsa-bangsa.

Jemputan yang sama yang memulakan tugasan ini masih kekal sehingga kini:

Berdiri di celah itu.

Dan melalui doa yang setia, semoga kehendak Tuhan terjadi **di bumi seperti di sorga.**

Panggilan kepada Penjaga Bangsa-Bangsa

Sepanjang sejarah umat Tuhan, Tuhan telah membangkitkan lelaki dan wanita yang berdiri di hadapan-Nya bagi pihak orang lain. Individu-individu ini tidak selalunya raja, nabi, atau pemimpin awam. Ramai daripada mereka adalah orang percaya biasa yang memikul beban luar biasa untuk berdoa.

Mereka menjadi **pengawal** .

Seorang pengawal berdiri berjaga-jaga sementara yang lain tidur. Seorang pengawal melihat bahaya sebelum ia tiba. Seorang pengawal berseru kepada Tuhan untuk memohon belas kasihan, perlindungan, dan campur tangan ilahi.

Tuhan berfirman melalui nabi Yehezkiel:

"Dan Aku mencari seorang di antara mereka yang akan mendirikan pagar dan berdiri di celah di hadapan-Ku untuk negeri itu."
— Yehezkiel 22:30

Tuhan masih mencari orang-orang seperti itu hari ini.

Dia mencari mereka yang akan berdoa bukan sahaja untuk keperluan mereka sendiri tetapi juga untuk takdir Gereja, masa depan bangsa-bangsa, dan keadaan rohani masyarakat.

Panduan doa ini merupakan jemputan untuk menjadi salah seorang penjaga tersebut.

Anda mungkin berdoa bersendirian di bilik yang tenang, dalam kumpulan doa bersama rakan-rakan, atau dalam komuniti gereja. Tidak kira di mana anda berada, apabila anda berdoa dengan iman dan ketaatan, anda mengambil bahagian dalam pekerjaan penebusan Tuhan di bumi.

Melalui doa:

Hati dilembutkan.
Kubu-kubu dipecahkan. Pemimpin dipengaruhi oleh kebijaksanaan ilahi. Dan tujuan Tuhan maju di antara bangsa-bangsa.

Tugasan ini adalah sebahagian daripada gerakan penganut yang semakin berkembang di seluruh dunia yang telah komited untuk berdiri di celah semasa **tempoh doa selama 40 hari dari 17 Mac hingga 25 April setiap tahun** .

Para pendoa syafaat di pelbagai negara bergabung bersama dengan beban yang dikongsi—untuk berdoa bagi Gereja, bagi para pemimpin, dan bagi transformasi Tujuh Gunung Pengaruh.

Bersama-sama, komuniti pahlawan doa yang semakin berkembang ini berusaha untuk menggerakkan **berjuta-juta pendoa syafaat di seluruh dunia** yang akan mengangkat suara mereka di hadapan Tuhan untuk nasib bangsa-bangsa.

Anda dijemput untuk menjadi sebahagian daripada syarikat tersebut.

Semasa anda mula berdoa melalui panduan ini, ingatlah bahawa doa bukan sekadar ritual atau latihan keagamaan. Doa adalah perkongsian suci dengan Tuhan.

Roh Kudus berdoa melalui kita.
Yesus menjadi perantara bagi kita. Dan Bapa mendengar tangisan umat-Nya.

Hadapilah doa-doa ini dengan rendah hati, iman, dan harapan.

Semoga Tuhan menguatkan semangatmu, mempertajam kebijaksanaanmu, dan memberimu kuasa untuk berdiri dengan setia di celah itu.

Seruan itu tetap sama hari ini seperti selalu:

Berjaga dan berdoa.

Dan melalui syafaat yang setia, semoga kehendak Tuhan terjadi **di bumi seperti di sorga.**

Memasuki Pengawasan Empat Puluh Hari

Menyediakan Hati untuk Syafaat

Doa selama empat puluh hari lebih daripada sekadar latihan rohani. Ia adalah jemputan untuk mendekat kepada Tuhan dan mengambil bahagian dalam tujuan-Nya untuk Gereja dan bangsa-bangsa.

Sepanjang Kitab Suci, musim berpuasa dan berdoa sering mendahului saat-saat kejayaan rohani, pemulihan, dan bimbingan ilahi. Musim-musim ini adalah masa apabila umat Tuhan merendahkan diri, mencari wajah-Nya, dan menyelaraskan hati mereka dengan kehendak-Nya.

Semasa anda bersiap sedia untuk memasuki tempoh pengawasan empat puluh hari ini, adalah penting untuk mendekati masa ini dengan sikap hati yang betul.

Masa Kerendahan Hati

Syafaat yang sejati bermula dengan kerendahan hati.

Sebelum mendoakan negara, pemimpin, dan masyarakat, orang percaya harus terlebih dahulu memposisikan diri mereka di hadapan Tuhan dengan ikhlas dan terbuka.

Tuhan mengisytiharkan:

"Jika umat-Ku, yang atasnya nama-Ku disebut, merendahkan diri, berdoa dan mencari wajah-Ku, lalu berbalik dari jalan-jalan jahat mereka, maka Aku akan mendengar dari sorga, mengampuni dosa mereka, dan menyembuhkan negeri mereka."
(2 Tawarikh 7:14)

Kerendahan hati membolehkan Roh Kudus memeriksa hati kita dan menyingkirkan apa sahaja yang mungkin menghalang persekutuan kita dengan Tuhan.

Sepanjang musim ini, mintalah Tuhan untuk membersihkan hati anda dan memperbaharui pengabdian anda kepada-Nya.

Masa Pertobatan

Syafaat sering kali bermula dengan taubat.

Daniel menunjukkan hal ini ketika dia berdoa untuk pemulihan Israel. Daripada menjauhkan diri daripada kegagalan bangsanya, dia mengakui dosa-dosa mereka di hadapan Tuhan.

"Kami telah berdosa dan melakukan kejahatan."
(Daniel 9:5)

Taubat mempersiapkan hati untuk mendekati Tuhan dengan ikhlas dan penuh hormat.

Semasa anda memulakan pengawasan empat puluh hari ini, luangkan masa untuk meminta pengampunan, pembaharuan, dan kejelasan rohani daripada Tuhan.

Masa Penjajaran

Doa bukan sahaja tentang menyampaikan permintaan kepada Tuhan. Ia juga tentang menyelaraskan hati kita dengan tujuan-Nya.

Yesus mengajar murid-murid-Nya untuk berdoa:

" Datanglah Kerajaan-Mu . Jadilah kehendak-Mu di bumi seperti di sorga."
(Matius 6:10)

Semasa musim doa ini, mintalah Tuhan untuk menyelaraskan fikiran, keinginan, dan keutamaan anda dengan kehendak-Nya.

Biarkan Roh Kudus membentuk doa-doa anda mengikut tujuan Tuhan bagi Gereja dan bangsa-bangsa.

Zaman Perpaduan

Syafaat menjadi sangat kuat apabila orang percaya berdoa bersama dalam kesatuan.

Gereja awal mengalami kemajuan yang luar biasa kerana mereka berdoa dengan satu hati dan satu tujuan.

Kisah Para Rasul 12:5 mencatatkan:

"Petrus ditahan di dalam penjara, tetapi jemaat terus-menerus berdoa kepada Tuhan untuknya."

Melalui doa bersama, Tuhan melepaskan campur tangan ghaib.

Sebagai individu, kumpulan doa, dan gereja-gereja mengambil bahagian dalam pengawasan empat puluh hari ini, semoga Roh Tuhan mewujudkan rasa perpaduan yang lebih mendalam di kalangan orang percaya.

Masa Jangkaan

Syafaat bukanlah tindakan putus asa tetapi ungkapan iman.

Apabila orang percaya berdoa, mereka sedang menyahut jemputan Tuhan yang mendengar dan menjawab doa.

Yeremia 33:3 menyatakan:

"Berserulah kepada-Ku, maka Aku akan menjawab engkau dan akan memberitahukan kepadamu hal-hal yang besar dan yang tidak terpahami, yaitu hal-hal yang tidak kauketahui."

Masukilah pengawasan empat puluh hari ini dengan penuh harapan.

Mengharapkan Tuhan menggerakkan hati.

Mengharapkan pertemuan yang ilahi.

Jangkakan pemulihan, hala tuju dan transformasi.

Tugasan Suci

Selama dua puluh tahun, musim doa ini—dari 17 Mac hingga 25 April—telah diperingati sebagai masa syafaat khusus untuk Gereja dan untuk bangsa-bangsa.

Apa yang bermula sebagai seruan peribadi untuk berdoa kini telah menjadi jemputan bagi orang percaya di mana-mana untuk mengambil bahagian dalam tugasan suci ini.

Semasa anda memulakan perjalanan ini, ingatlah bahawa doa anda penting.

Tuhan terus mencari mereka yang akan berdiri di celah itu.

Semoga penjagaan empat puluh hari ini memperdalam hubungan anda dengan Tuhan, menguatkan beban anda untuk syafaat, dan melepaskan tujuan-tujuan-Nya di bumi.

Sekarang, mari kita mulakan jam tangan itu.

Kitab Suci Asas untuk Pengawasan Empat Puluh Hari

Setiap musim syafaat mesti berakar umbi dalam Firman Tuhan. Doa mendapat kuasa apabila ia selaras dengan janji, tujuan, dan sifat Tuhan yang diwahyukan dalam Kitab Suci.

Petikan-petikan berikut membentuk asas alkitabiah untuk penjagaan doa selama empat puluh hari ini. Ayat-ayat suci ini mengingatkan kita mengapa kita berdoa, bagaimana kita berdoa, dan apa yang kita percaya Tuhan ingin capai di bumi.

Semasa anda melalui hari-hari berpuasa dan berdoa syafaat, kembalilah dengan kerap kepada petikan-petikan ini dan biarkan ia menguatkan iman anda dan membimbing doa-doa anda.

Seruan untuk Berdiri di Jurang
Yehezkiel 22:30

"Aku mencari seorang di antara mereka yang hendak membangun tembok dan berdiri di celah di hadapan-Ku untuk negeri ini, supaya Aku jangan memusnahkannya."
Tuhan terus mencari mereka yang mau berdiri di hadapan-Nya bagi pihak negeri ini.

Tanggungjawab Penjaga
Yehezkiel 3:18–19
"Apabila Aku berfirman kepada orang fasik: 'Engkau pasti akan mati,' dan engkau tidak memberinya peringatan... darahnya akan Kutuntut dari tanganmu. Tetapi jika engkau memberi peringatan kepada orang fasik... engkau telah menyelamatkan nyawamu."
Syafaat membawa tanggungjawab untuk berjaga-jaga secara rohani.

Rumah Tuhan sebagai Rumah Doa
Matius 21:13
"Rumah-Ku akan disebut rumah doa."
Yesaya 56:7
"Rumah-Ku akan disebut rumah doa bagi segala bangsa."
Keinginan Tuhan adalah agar umat-Nya menjadi sebuah komuniti yang berdoa yang mengalu-alukan bangsa-bangsa ke dalam hadirat-Nya.

Seruan untuk Berdoa dengan Tekun
Lukas 18:1
"Orang lelaki harus sentiasa berdoa dan tidak putus asa."
Matius 26:41
"Berjaga-jagalah dan berdoalah, supaya kamu jangan jatuh ke dalam pencobaan."
Doa memerlukan ketekunan, kewaspadaan, dan kewaspadaan rohani.

Bantuan Roh Kudus dalam Syafaat
Roma 8:26
"Roh juga membantu kelemahan kita... Roh itu sendiri berdoa untuk kita kepada-Nya dengan keluhan-keluhan yang tidak terucapkan."

Roma 8:34
"Kristus… berada di sebelah kanan Allah, yang juga menjadi perantara bagi kita."
Syafaat diberdayakan oleh Roh Kudus di dalam kita dan oleh Kristus yang menjadi perantara bagi kita di hadapan Bapa.

Keberanian dalam Doa dan Pelayanan
Kisah Para Rasul 4:29–30
"Berilah kepada hamba-hamba-Mu keberanian untuk memberitakan firman-Mu… supaya tanda-tanda dan mujizat-mujizat dapat terjadi oleh nama Yesus, Hamba-Mu yang kudus."
Gereja mula-mula berdoa dengan keberanian dan pengharapan.

Kuasa Doa Korporat
Kisah Para Rasul 12:5
"Petrus ditahan di dalam penjara, tetapi jemaat terus-menerus berdoa kepada Tuhan untuknya."
Syafaat korporat melepaskan campur tangan ilahi.

Menantikan Tuhan dalam Doa
Lukas 6:12
"Lalu pergilah Ia ke gunung untuk berdoa, dan sepanjang malam Ia berdoa kepada Allah."
Mazmur 37:7
"Beristirahatlah di dalam Tuhan, dan nantikanlah Dia dengan sabar."
Syafaat yang sejati sering kali memerlukan penantian kepada Tuhan.

Taubat dan Pemulihan Negara
Daniel 9:3–4
"Aku menghadapkan wajahku kepada Tuhan Allah untuk memohon dengan doa dan permohonan, dengan berpuasa."
2 Tawarikh 7:14

"Jika umat-Ku yang atasnya nama-Ku disebut merendahkan diri dan berdoa... maka Aku akan mendengar dari sorga dan menyembuhkan negeri mereka."
Pemulihan negara selalunya bermula dengan taubat dan doa.

Peperangan Rohani
Efesus 6:18
"Berdoalah sentiasa dalam Roh dengan segala doa dan permohonan."
Doa adalah salah satu senjata utama dalam peperangan rohani.

Berdoa untuk Pemimpin dan Negara
Roma 15:30–31
"Berjuanglah bersama-sama dengan aku dalam doa kepada Tuhan untuk aku."
2 Tesalonika 3:1
"Berdoalah untuk kami, supaya firman Tuhan tersebar dengan cepat dan dimuliakan."
Kitab Suci berulang kali menyeru orang percaya untuk berdoa bagi para pemimpin dan kemajuan injil.

Doa agar Kerajaan Tuhan Datang
Matius 6:10
" Datanglah kerajaan-Mu . Jadilah kehendak-Mu di bumi seperti di sorga."
Doa ini kekal sebagai seruan utama syafaat bagi setiap generasi.

Janji Pemulihan Tuhan
Yeremia 31:11–12
"Tuhan telah menebus Yakub dan menebusnya."
Tujuan Tuhan akhirnya membawa kepada penebusan dan pemulihan.

Kekuasaan Tuhan atas Bangsa-Bangsa
Yesaya 9:6–7

"Besarnya pemerintahan-Nya dan damai sejahtera-Nya tidak akan berkesudahan."
Kristus memerintah atas bangsa-bangsa, dan Kerajaan-Nya terus berkembang.

Kemenangan Orang-orang Soleh
Mazmur 92:8
"Tetapi Engkau, ya Tuhan, berada di tempat tinggi untuk selama-lamanya."
Kemenangan akhirat adalah milik Tuhan.

Panggilan untuk Bersyafaat
Daripada Abraham yang memohon untuk kota-kota, kepada Musa yang berdiri untuk Israel, kepada Daniel yang berdoa untuk pemulihan, kepada Yesus dan Roh Kudus yang menjadi perantara bagi orang percaya, Kitab Suci secara konsisten mendedahkan kuasa doa.
Empat puluh hari doa ini meneruskan tradisi alkitabiah itu. Semoga ayat-ayat suci ini menguatkan iman anda ketika anda memasuki jagaan syafaat ini untuk Gereja, untuk para pemimpin, dan untuk bangsa-bangsa.

Doa Peperangan Strategik 40 Hari

Hari 1 - Menaikkan Mezbah Syafaat

Ayat-ayat suci: Yehezkiel 22:30; Lukas 18:1

Yehezkiel 22:30
Versi Raja James Baharu (NKJV)
"Dan Aku mencari seorang di antara mereka yang hendak membangun tembok dan berdiri di celah di hadapan-Ku untuk negeri itu, supaya Aku jangan memusnahkannya, tetapi Aku tidak menemukan seorang pun."

Mesej (MSG)
"Aku mencari seseorang untuk membela aku terhadap semua ini, untuk memperbaiki pertahanan kota, untuk berdiri di celah untuk melindungi tanah ini supaya aku tidak perlu memusnahkannya.
Aku tidak dapat menemui sesiapa pun."

Lukas 18:1
Versi Raja James Baharu (NKJV)
"Lalu Yesus mengatakan suatu perumpamaan kepada mereka, bahwa manusia harus selalu berdoa dengan tidak putus asa."

Mesej (MSG)
"Yesus menceritakan sebuah kisah kepada mereka yang menunjukkan bahawa mereka perlu berdoa dengan tekun dan tidak pernah berputus asa."

6 pagi Bapa, didiklah aku sebagai orang yang akan berdiri di celah, memperbaiki celah, dan menolak kepasifan rohani pada musim puasa ini.

9 pagi Aku mempersembahkan roh, jiwa, dan tubuhku untuk pelayanan syafaat yang berjaga-jaga; biarlah setiap mezbah gangguan dirobohkan.

12 tengah hari Biarlah api doa dinyalakan semula ke atas Gereja-Mu sehingga doa berhenti menjadi satu program dan menjadi tempat kediaman.

3 petang aku melanggar perjanjian dengan mengantuk, acuh tak acuh, dan bertangguh; aku menerima kekuatan untuk berdoa sehingga syurga menjawab.

6 petang Tuhan, jadikan hidupku rumah ukupan, pintu gerbang, dan mezbah yang sah di mana tujuan-Mu dilaksanakan.

9 malam Setiap kerosakan dalam keluarga, gereja, bandar, dan negara saya, semoga dibaiki oleh rahmat Tuhan ketika saya berdiri di hadapan Tuhan.

Pukul 12 pagi Aku menitahkan bahawa puasa ini tidak akan menjadi ritual tanpa kuasa; ia akan menghasilkan pergerakan dalam roh dan manifestasi di bumi.

3 pagi Ya Tuhan, carilah dalam diriku seorang pendoa syafaat yang rela dan biarlah suaraku menang di hadapan-Mu untuk pemulihan, kebangkitan, dan pembebasan.

Hari 2 - Kewaspadaan dan Beban Jiwa

Ayat-ayat suci: Yehezkiel 3:18-21; Matius 26:41

Yehezkiel 3:18–21
Versi Raja James Baharu (NKJV)
"Apabila Aku berfirman kepada orang fasik: 'Engkau pasti akan mati,' dan engkau tidak memberinya peringatan atau berkata-kata untuk memperingatkan orang fasik itu dari jalannya yang jahat untuk menyelamatkan nyawanya, orang fasik itu akan mati dalam kesalahannya, tetapi Aku akan menuntut pertanggungjawaban atas darahnya dari tanganmu.
Namun, jika engkau memperingatkan orang jahat itu, dan ia tidak berbalik dari kejahatannya atau dari jalannya yang jahat, ia akan mati dalam kesalahannya, tetapi engkau telah menyelamatkan nyawamu.
Apabila orang benar berbalik dari kebenarannya dan melakukan kejahatan, dan Aku meletakkan batu sandungan di hadapannya, ia akan mati; oleh karena engkau tidak memperingatkannya, ia akan mati dalam dosanya, dan kebenaran yang telah dilakukannya tidak akan diingat, tetapi darahnya akan Kutuntut dari tanganmu.
Namun, jika engkau memperingatkan orang benar itu supaya jangan berbuat dosa, tetapi ia tidak berbuat dosa, maka ia pasti hidup, sebab ia telah menerima peringatan; engkau juga telah menyelamatkan nyawamu."

Mesej (MSG)
"Jika Aku memberi amaran kepada orang jahat, 'Engkau berada di landasan yang tepat untuk mati!' dan engkau tidak berkata-kata dan memberi amaran kepadanya untuk mengubah hidupnya, orang jahat itu akan mati tanpa diberi

amaran dalam dosanya, dan Aku akan meminta pertanggungjawaban kepadamu.
Tetapi jika engkau memberi amaran kepada orang jahat dan dia enggan mengubah hidupnya, dia akan mati dalam dosanya, tetapi engkau telah menyelamatkan nyawamu.
Dan jika orang baik berpaling dari kebaikan dan melakukan kejahatan, dan Aku meletakkan penghalang di jalannya dan dia mati, engkau bertanggungjawab jika engkau tidak memberinya peringatan. Dia akan mati kerana dosanya dan kebaikan yang dilakukannya sebelumnya tidak akan bermakna apa-apa—dan Aku akan meminta pertanggungjawabanmu.
Tetapi jika engkau memperingatkan orang yang baik itu supaya jangan berbuat dosa dan dia mendengar serta tidak berbuat dosa, dia akan hidup kerana dia mengambil serius amaranmu—dan engkau telah menyelamatkan nyawamu."

Matius 26:41
Versi Raja James Baharu (NKJV)
"Berjaga-jagalah dan berdoalah, supaya kamu jangan jatuh ke dalam pencobaan. Roh memang penurut, tetapi daging lemah."

Mesej (MSG)
"Tetaplah berjaga-jaga; berdoalah supaya kamu tidak tersesat dalam godaan tanpa menyedari bahawa kamu berada dalam bahaya. Ada bahagian dalam dirimu yang bersemangat, bersedia untuk apa sahaja dalam Tuhan, tetapi ada bahagian lain yang malas seperti anjing tua yang tidur di tepi api."

6 pagi Bapa, jadikan aku penjaga yang setia yang tidak akan berdiam diri ketika takdir, keluarga, dan negara tergantung dalam bahaya.

9 pagi aku menolak kecuaian sebagai ganti doa; aku menerima kebijaksanaan untuk melihat bahaya sebelum ia muncul.

12 tengah hari Biarlah beban bagi mereka yang sesat, yang murtad, dan yang terluka secara rohani terletak di atasku dengan beban suci.

3 petang Setiap roh ketiadaan doa yang ditugaskan untuk melemahkan pengawasanku, kehilangan peganganmu dan tunduk kepada ketuhanan Yesus Kristus.

6 petang Aku menitahkan bahawa mataku akan terbuka, telingaku akan dilatih, dan rohku akan berwaspada terhadap amaran-amaran ilahi.

9 malam Tuhan, jadikan Gereja-Mu berwaspada terhadap kompromi, godaan, dan penyusupan syaitan pada waktu ini.

Jam 12 pagi aku berdiri melawan setiap serangan hendap kegelapan yang disasarkan kepada orang-orang kudus, dan aku memohon gangguan ilahi terhadap rancangan jahat yang tersembunyi.

Jam 3 pagi Bapa, biarlah puasa ini menajamkan jubah pengawalku sehingga aku berdoa dengan ketepatan, kewibawaan, dan ketahanan yang berterusan.

Hari 3 - Rumah Doa Dipulihkan

Ayat-ayat suci: Matius 21:13; Yesaya 56:7

Matius 21:13
Versi Raja James Baharu (NKJV)
"Lalu Ia berkata kepada mereka:
'Ada tertulis: Rumah- *Ku akan disebut rumah doa,* tetapi kamu menjadikannya sarang penyamun.'"

Mesej (MSG)
Dia berkata, "Ada tertulis di dalam Kitab Suci, '
Rumah-Ku akan disebut rumah doa.
' Kamu telah menjadikannya tempat persembunyian pencuri."

Yesaya 56:7
Versi Raja James Baharu (NKJV)
"Mereka akan Kubawa ke gunung-Ku yang kudus
dan akan Kubuat mereka bersukacita di rumah doa-Ku.
Korban bakaran dan korban sembelihan mereka akan
diterima di atas mezbah-Ku, sebab rumah-Ku akan disebut
rumah doa bagi segala bangsa."

Mesej (MSG)
"Aku akan membawa mereka ke gunung kudus-Ku
dan memberi mereka sukacita di rumah doa-Ku. Mereka akan
dialu-alukan untuk beribadat—sama seperti orang-orang di
dalam, untuk membawa korban bakaran dan korban
sembelihan ke mezbah-Ku.
Oh ya! Rumah ibadatku
akan dikenali sebagai **rumah doa untuk semua orang** ."

6 pagi Tuhan, bersihkan rumah-Mu dan singkirkan setiap kekotoran yang menentang doa, kesucian, dan kuasa yang sejati.

9 pagi Biarlah setiap pencuri selera rohani diusir dari hidupku, rumahku, dan Gereja dalam nama Yesus.

12 tengah hari Aku menitahkan bahawa mezbah doa hendaklah didirikan di setiap jemaah, pelayanan, dan rumah tangga yang ditetapkan oleh Tuhan.

3 petang Setiap roh perdagangan yang merosakkan ibadah dan mencemarkan benda-benda suci, akan dihakimi oleh api Tuhan.

6 petang Bapa, pulihkan rasa hormat, patah hati, dan takut akan Tuhan di tempat kudus umat-Mu.

9 malam Biarlah bilik sembahyang, mimbar, dan rumah menjadi pintu kemuliaan di mana Kristus bertakhta dan daging ditundukkan.

12 pagi Aku menyeru generasi yang lebih mencintai kehadiran-Mu daripada persembahan dan suara-Mu lebih daripada tepukan tangan.

3 pagi Ya Tuhan, jadikan Gereja-Mu rumah doa bagi segala bangsa, dan biarlah kebangkitan rohani muncul dari altar.

Hari 4 - Erangan Yang Berlaku

Ayat Suci: Roma 8:26,34; Lukas 6:12

Roma 8:26
Versi Raja James Baharu (NKJV)
" Demikian juga Roh membantu kita dalam kelemahan kita; kerana kita tidak tahu apa yang harus kita doakan, tetapi Roh sendiri berdoa untuk kita kepada-Nya dengan keluhan-keluhan yang tidak terucapkan."

Mesej (MSG)
"Sementara itu, saat kita letih dalam menunggu, Roh Tuhan ada di sisi kita untuk membantu kita. Jika kita tidak tahu bagaimana atau apa yang harus didoakan, itu tidak penting. Dialah yang berdoa untuk kita, menjadikan doa itu sebagai keluhan kita yang tidak terkatakan, rintihan kita yang pedih."

Roma 8:34
Versi Raja James Baharu (NKJV)
"Siapakah yang menghukum? Kristuslah yang telah mati, dan lebih lanjut lagi telah bangkit, yang duduk di sebelah kanan Allah, yang juga menjadi perantara bagi kita."

Mesej (MSG)
31-39 Jadi, apa pendapat anda? Dengan Tuhan di pihak kita seperti ini, bagaimana kita boleh kalah? Jika Tuhan tidak teragak-agak untuk mempertaruhkan segala-galanya untuk kita, menerima keadaan kita dan mendedahkan diri-Nya kepada yang terburuk dengan mengutus Anak-Nya sendiri, adakah apa-apa lagi yang tidak akan dilakukan-Nya dengan senang hati dan bebas untuk kita? Dan siapakah yang berani berkompromi dengan Tuhan dengan mengacaukan salah seorang pilihan Tuhan? Siapakah yang berani menuding jari? Dia yang mati untuk kita—yang dibangkitkan untuk kita!—

berada di hadirat Tuhan pada saat ini membela kita. Adakah anda fikir sesiapa akan dapat memisahkan kita dan kasih Kristus untuk kita? Tidak mungkin! Bukan masalah, bukan masa sukar, bukan kebencian, bukan kelaparan, bukan kehilangan tempat tinggal, bukan ancaman buli, bukan tikaman dari belakang, bahkan bukan dosa-dosa terburuk yang disenaraikan dalam Kitab Suci:

Mereka membunuh kami dengan kejam kerana mereka membenci kamu.

Kami seperti itik yang duduk; mereka mengugut kami satu persatu.

Semua ini tidak mengganggu kita kerana Yesus mengasihi kita. Saya benar-benar yakin bahawa tiada apa-apa—tiada yang hidup atau mati, malaikat atau syaitan, hari ini atau esok, tinggi atau rendah, boleh difikirkan atau tidak dapat difikirkan—sama sekali *tiada apa* yang dapat menghalang kita daripada kasih Tuhan kerana cara Yesus, Guru kita, telah memeluk kita.

6 pagi Roh Kudus, bantulah kelemahanku dan ajarlah aku berdoa melampaui batasan manusia, keletihan emosi, dan kelemahan mental.

9 pagi Biarlah syafaat Kristus menguatkan permohonanku sehingga doa-doaku selaras dengan kehendak Tuhan.

12 tengah hari saya menerima rahmat untuk terus berdoa sehingga transaksi ilahi selesai dalam roh.

3 petang Setiap tuduhan musuh terhadap kehidupan doa saya dibatalkan oleh syafaat Yesus di sebelah kanan Tuhan.

6 petang Tuhan, ubahlah keluhanku, air mataku, dan rintihanku menjadi syafaat yang berkesan di hadapan takhta-Mu.

9 malam Aku menolak doa yang dangkal; Aku memasuki kedalaman kesusahan di mana kerajaan-kerajaan beralih dan tawanan dibebaskan.

12 pagi Biarlah setiap pintu gerbang yang tertutup yang menentang jawapan mula mengalah ketika Roh Kudus menjadi syafaat melalui aku.

3 pagi Bapa, ajarlah aku dalam misteri doa yang utama sehingga aku memikul beban syurgawi dengan bahasa syurgawi.

Hari 5 - Keberanian Di Bawah Tekanan

Ayat-ayat Alkitab: Kisah Para Rasul 4:29-30; 2 Tesalonika 3:1-2

Kisah Para Rasul 4:29–30
Versi Raja James Baharu (NKJV)
"Sekarang, ya Tuhan, perhatikanlah ancaman mereka itu dan berikanlah kepada hamba-hamba-Mu itu keberanian untuk menyampaikan firman-Mu,
sambil mengulurkan tangan-Mu untuk menyembuhkan, dan supaya terjadilah tanda-tanda dan mujizat-mujizat oleh nama Yesus, Hamba-Mu yang kudus."

Mesej (MSG)
Kisah Para Rasul 4:29–31 (Konteks untuk kejelasan)
"Dan sekarang mereka melakukannya lagi! Jagalah ancaman mereka dan berikanlah hamba-hamba-Mu keyakinan yang tidak gentar dalam memberitakan Pesan-Mu,
sambil Engkau menghulurkan tangan-Mu kepada kami dalam penyembuhan dan mukjizat dan keajaiban yang dilakukan dalam nama Yesus, Hamba-Mu yang kudus."
Sementara mereka berdoa, tempat mereka berkumpul itu bergetar dan bergoncang. Mereka semua dipenuhi dengan Roh Kudus, lalu mereka menyampaikan Firman Tuhan dengan penuh keyakinan.

2 Tesalonika 3:1–2
Versi Raja James Baharu (NKJV)
"Akhirnya, saudara-saudara, doakanlah kami, supaya firman Tuhan tersebar dengan cepat dan dimuliakan, sama seperti yang terjadi kepada kamu,

dan supaya kami dilepaskan dari orang-orang yang tidak waras dan jahat; sebab tidak semua orang beriman."

Mesej (MSG)

2 Tesalonika 3:1–3 (Konteks untuk kejelasan)

"Satu lagi perkara, kawan-kawan: Doakan kami. Berdoalah agar Firman Tuhan akan tersebar luas ke seluruh negara dan mendapat sambutan yang meluas, seperti yang berlaku di antara kamu. Dan berdoalah agar kita diselamatkan daripada penjahat-penjahat ini yang cuba menganiaya kita. Bukan semua orang mempunyai keberanian untuk melakukan ini." Tetapi Guru tidak pernah mengecewakan kita. Dia akan tetap bersamamu dan melindungimu daripada kejahatan."

6 pagi Tuhan, lihatlah ancaman musuh dan berikanlah hamba-hamba-Mu keberanian untuk berbicara, berdoa, dan bertindak tanpa rasa takut.

9 pagi aku menitahkan bahawa intimidasi tidak akan membungkamkanku, dan tentangan tidak akan melemahkanku.

12 tengah hari Hulurkan tangan-Mu untuk menyembuhkan, membebaskan, dan meneguhkan firman-Mu dengan tanda-tanda yang memuliakan Yesus Kristus.

3 petang Biarlah firman Tuhan tersebar dengan pantas melalui gereja, kota, dan negara kita dan hancurkan setiap penghalang setan.

6 petang Bebaskan umat-Mu daripada orang-orang jahat dan tidak waras yang berperang melawan kebenaran, kebenaran, dan keadilan.

9 malam Saya mematahkan ketakutan dan memerintahkan keberanian, kejelasan, dan otoritas kerasulan untuk bangkit dalam Tubuh Kristus.

12 pagi Setiap rancangan kegelapan yang menentang kemajuan kerajaan dihamburkan oleh nafas Tuhan.

3 pagi Bapa, ubahlah tentangan menjadi platform untuk kemuliaan-Mu dan jadikan penganiayaan berfungsi untuk penyebaran injil.

Hari 6 - Campur Tangan Malaikat dan Pelepasan Ghaib

Ayat-ayat Suci: Kisah Para Rasul 12:5-9; Lukas 10:19

Kisah Para Rasul 12:5–9
Versi Raja James Baharu (NKJV)
Oleh itu, Petrus ditahan di dalam penjara, tetapi jemaat terus-menerus berdoa kepada Tuhan untuknya.
Dan ketika Herodes hendak membawanya keluar, malam itu juga Petrus tidur, diikat dengan dua rantai di antara dua orang askar; dan pengawal-pengawal di depan pintu menjaga penjara itu.
Tiba-tiba seorang malaikat Tuhan berdiri di dekatnya dan cahaya bersinar di dalam penjara itu; lalu ia menepuk lambung Petrus dan membangunkannya, katanya: "Bangunlah segera!" Maka terlepaslah rantainya dari tangannya.
Lalu kata malaikat itu kepadanya: "Ikatlah pinggangmu dan ikatlah kasutmu." Lalu ia berbuat demikian . Lalu kata malaikat itu kepadanya: "Pakailah pakaianmu dan ikutlah Aku."
Maka ia pun keluar dan mengikuti malaikat itu. Ia tidak tahu, bahwa apa yang dilakukan oleh malaikat itu benar-benar terjadi, tetapi ia menyangka ia melihat suatu penglihatan.

Mesej (MSG)
Kisah Para Rasul 12:5–11 (Konteks untuk kejelasan)
Sepanjang masa Petrus dikawal ketat di dalam penjara, jemaah berdoa dengan tekun untuknya.
Kemudian tiba masanya Herodes membawanya keluar untuk diadili di khalayak ramai. Malam itu, walaupun Petrus diikat pada dua orang askar, seorang di setiap sisi, dan terdapat pengawal di pintu yang mengawasi tempat itu, Petrus tidur seperti bayi.

Tiba-tiba seorang malaikat berdiri di sisinya dan cahaya menerangi ruangan itu. Malaikat itu menggoncangkan Petrus dan membangunkannya. "Cepat!" katanya.
Gari itu jatuh dari pergelangan tangannya.
Malaikat itu berkata, "Berpakaianlah. Pakailah kasutmu."
Peter melakukannya.
"Kenakanlah kotmu di atas bahumu dan ikutlah aku."
Petrus mengikutinya, tetapi dia tidak percaya bahawa itu benar-benar malaikat. Dia menyangka dia sedang melihat sesuatu.

Lukas 10:19
Versi Raja James Baharu (NKJV)
"Lihatlah, Aku memberi kamu kuasa untuk memijak ular dan kalajengking, dan kuasa untuk mengalahkan segala kekuatan musuh, dan tidak ada sesuatu pun yang akan membahayakan kamu."

Mesej (MSG)
Lukas 10:18–20 (Konteks untuk kejelasan)
Yesus berkata, "Aku tahu. Aku melihat Syaitan jatuh, seperti kilat yang menyambar dari langit.
Lihat apa yang telah aku berikan kepadamu? Laluan selamat ketika kamu berjalan di atas ular dan kala jengking, dan perlindungan dari setiap serangan musuh. Tiada apa yang akan mencederakanmu.
Walau bagaimanapun, kejayaan besar bukanlah terletak pada kuasa anda atas kejahatan, tetapi pada kuasa Tuhan ke atas anda dan kehadiran bersama anda. Bukan apa yang anda lakukan untuk Tuhan, tetapi apa yang Tuhan lakukan untuk anda—itulah agenda untuk bersukacita."

6 pagi Tuhan, ketika doa yang sungguh-sungguh diajukan untuk Petrus, lepaskanlah rantai dari setiap tawanan yang ditetapkan untuk tujuan kerajaan.

9 pagi saya menitahkan pembebasan ghaib ke atas mereka yang dipenjarakan oleh ketakutan, ketagihan, ilmu sihir, kesilapan, dan penindasan rohani.

12 tengah hari Biarlah campur tangan malaikat timbul dalam situasi di mana bantuan manusia telah gagal dan kegelapan menyangka ia telah menang.
3 petang Setiap pintu gerbang besi yang menentang kemajuan ilahi, terbuka atas kehendakmu sendiri di hadapan kuasa Tuhan.

6 petang Aku memijak ular, kala jengking, dan semua kuasa musuh; tiada apa pun yang akan dapat mengatasi ketetapan Tuhan.

9 malam Bapa, bangunkan takdir yang sedang tidur dan pimpinlah umat-Mu keluar dari penjara yang tidak kelihatan menuju kebebasan dan tugas.

12 pagi Setiap rantai yang ditempa secara rahsia terhadap saya, keluarga saya, dan Gereja, putuskan sekarang dalam nama Yesus.

3 pagi Biarlah kesaksian pembebasan ajaib berlipat ganda, dan biarlah Gereja mengetahui sekali lagi pelayanan bantuan malaikat.

Hari 7 - Orang Menunggu, Lampu Menyala

Ayat-ayat Alkitab: Lukas 2:25-38; Mazmur 37:7

Lukas 2:25–38
Versi Raja James Baharu (NKJV)
Maka di Yerusalem ada seorang yang bernama Simeon. Orang itu benar dan saleh, sedang menantikan penghiburan untuk Israel. Roh Kudus ada padanya.
Dan Roh Kudus telah menyatakan kepadanya bahawa dia tidak akan mati sebelum dia melihat Kristus, yang diutus Tuhan.
Oleh kuasa Roh Kudus, dia masuk ke dalam Bait Suci.
Apabila ibu bapanya membawa Anak Yesus masuk untuk melakukan apa yang diperintahkan oleh hukum Taurat, dia memeluk-Nya dan memuji Tuhan sambil berkata:
"Tuhan, sekarang Engkau membiarkan hamba-Mu pergi dalam damai sejahtera,
menurut firman-Mu, sebab mataku telah melihat keselamatan-Mu yang telah Engkau sediakan di hadapan segala bangsa, suatu terang untuk membawa penyataan kepada bangsa-bangsa lain dan kemuliaan umat-Mu, Israel."
Dan Yusuf dan ibu-Nya heran akan segala perkara yang dikatakan tentang Dia.
Kemudian Simeon memberkati mereka dan berkata kepada Maria, ibu-Nya: "Sesungguhnya Anak ini ditentukan untuk menjatuhkan dan membangkitkan banyak orang di Israel dan untuk menjadi suatu tanda yang akan dibantah -- ya, suatu pedang akan menembus jiwamu sendiri -- supaya pikiran hati banyak orang menjadi nyata."
Ada seorang nabiah, bernama Hana, anak perempuan Fanuel, dari suku Asyer. Ia sudah sangat tua dan telah hidup dengan suaminya selama tujuh tahun sejak ia masih perawan. Ia

seorang janda, kira-kira lapan puluh empat tahun, yang tidak pernah meninggalkan Bait Suci, tetapi beribadah kepada Allah dengan berpuasa dan berdoa siang malam.
Dan pada saat itu juga ia datang dan mengucap syukur kepada Tuhan, lalu berbicara tentang Dia kepada semua orang yang menantikan penebusan di Yerusalem.

Mesej (MSG)
Lukas 2:25–38 (Terjemahan kontekstual untuk aliran)
Pada masa itu ada di Yerusalem seorang lelaki bernama Simeon. Dia seorang yang baik, seorang yang rajin berdoa, yang sedang menantikan pertolongan untuk Israel. Roh Kudus ada padanya.
Roh Kudus telah menunjukkan kepadanya bahawa dia akan melihat Mesias Tuhan sebelum dia mati. Dipimpin oleh Roh Kudus, dia memasuki Bait Suci.
Ketika ibu bapa Yesus yang kecil membawanya masuk untuk melaksanakan ritual Hukum Taurat, Simeon memeluknya dan memuji Tuhan:
"Tuhan, sekarang Engkau boleh membebaskan hamba-Mu; bebaskan aku dalam damai seperti yang Engkau janjikan. Dengan mataku sendiri aku telah melihat keselamatan-Mu: kini ia terbuka untuk dilihat oleh semua orang—cahaya yang menyatakan Tuhan kepada bangsa-bangsa bukan Yahudi, dan kemuliaan bagi umat-Mu Israel."
Ibu bapa Yesus tercengang mendengar kata-kata itu.
Simeon terus memberkati mereka, dan berkata kepada Maria, ibunya:
"Anak ini menandakan kegagalan dan pemulihan ramai orang di Israel, satu tokoh yang disalahertikan dan dibantah—kesakitan seperti ditusuk pedang—tetapi penolakan itu akan memaksa kejujuran, kerana Tuhan mendedahkan siapa mereka sebenarnya."
Hana, nabiah itu, juga ada di sana, anak perempuan Fanuel dari suku Asyer. Dia sudah sangat tua, telah berkahwin selama tujuh tahun dan kemudian menjadi balu selama lapan puluh empat tahun.

Dia tidak pernah meninggalkan Bait Suci, beribadat siang malam dengan berpuasa dan berdoa.
Ketika Simeon sedang berdoa, dia muncul, menyanyikan lagu pujian kepada Tuhan, dan bercakap tentang Anak itu kepada semua orang yang menantikan pembebasan Yerusalem.

Mazmur 37:7
Versi Raja James Baharu (NKJV)
Beristirahatlah di dalam Tuhan, dan nantikanlah Dia dengan sabar;
janganlah kuatir karena orang yang berhasil dalam hidupnya, karena orang yang melakukan tipu daya.

Mesej (MSG)
Mazmur 37:7–9 (Aliran kontekstual)
Tenanglah di hadapan Tuhan,
berdoalah dengan penuh ketaatan di hadapan-Nya.
Jangan pedulikan mereka yang memanjat tangga,
yang menyiku jalan mereka ke puncak.
Kawal kemarahanmu, buanglah amarahmu;
sejukkan hatimu—ia hanya memburukkan lagi keadaan.
Tidak lama lagi, para penyangak akan muflis;
pelabur-pelabur yang dikurniakan Tuhan akan segera memiliki kedai itu.

6 pagi Bapa, jadikan aku seperti Simeon dan Hana, teguh dalam penantian, suci dalam pengharapan, dan setia dalam pengabdian.

9 pagi aku menolak ketidakpercayaan yang gelisah; aku menerima rahmat untuk menantikan Tuhan tanpa pengsan, mengeluh, atau menarik diri.

12 tengah hari Biarlah setiap janji atas hidupku, rumah tanggaku, dan Gereja-Mu terpelihara sehingga saat penyataan Tuhan.

3 petang Tuhan, dukunglah para pendoa syafaat yang telah lama menunggu; biarlah mata mereka melihat penghiburan yang Engkau janjikan.

6 petang Saya menitahkan bahawa kelewatan tidak akan menimbulkan keraguan, dan proses tidak akan membatalkan ramalan.

9 malam Setiap roh penyerahan diri pramatang, hilangkan tugasmu atas orang-orang kudus dan atas generasi ini.

12 tengah malam Bapa, ganjarani para pencari siang dan malam dengan pertemuan yang tidak dapat disangkal, janji yang telah digenapi, dan kejelasan nubuatan.

3 pagi Biarlah syafaat yang sabar matang menjadi lawatan terbuka, dan biarlah rahim yang menunggu melahirkan tujuan ilahi.

Hari 8 - Penjajaran Getsemani

Ayat-ayat suci: Matius 26:36-46; Matius 6:10

Matius 26:36-46
Versi Raja James Baharu
Doa di Taman
36 Kemudian Yesus datang bersama mereka ke suatu tempat
yang bernama Getsemani. Dia berkata kepada pengikut-
pengikut-Nya, "Duduklah di sini sementara Aku pergi berdoa
di sana." 37 Lalu Dia membawa Petrus dan kedua anak
Zebedeus bersama-sama-Nya. Dia mula berdukacita dan
sangat sedih. 38 Kemudian Dia berkata kepada mereka, "Hati-
Ku sangat sedih, seperti mau mati. Tinggallah di sini dan
berjagalah bersama-sama Aku."
39 Yesus pergi sedikit lebih jauh, lalu sujud dan berdoa, "Ya
Bapa-Ku, jikalau mungkin, biarlah cawan ini lalu daripada-Ku;
tetapi janganlah seperti yang Aku kehendaki, melainkan
seperti yang Engkau *kehendaki.* "
40 Kemudian Dia datang kepada pengikut-pengikut-Nya dan
mendapati mereka sedang tidur. Dia berkata kepada Petrus,
"Tidakkah kamu sanggup berjaga-jaga bersama-Ku walau
sejam pun? 41 Berjaga-jagalah dan berdoalah, supaya kamu
tidak jatuh ke dalam pencobaan. Roh memang *penurut* , tetapi
daging *lemah* ."
42 Untuk kedua kalinya, Dia pergi dan berdoa, kata-Nya: "Ya
Bapa-Ku, jika cawan ini tidak dapat lalu daripada-Ku, kecuali Aku
meminumnya, jadilah kehendak-Mu." 43 Kemudian Dia datang
lagi dan mendapati mereka sedang tidur, kerana mata mereka
berat.
44 Lalu Ia meninggalkan mereka, pergi lagi, lalu berdoa untuk
kali ketiga, dengan perkataan yang sama. 45 Kemudian Ia
datang kepada murid-murid-Nya dan berkata kepada mereka:
"Masihkah *kamu* tidur dan berehat? Lihatlah, saatnya sudah dekat,
dan Anak Manusia diserahkan ke tangan orang berdosa. 46

Bangunlah, marilah kita pergi. Lihatlah, orang yang mengkhianati- Ku sudah dekat."

Matius 26:36-46
Mesej itu
36-38 Kemudian Yesus pergi bersama mereka ke sebuah taman yang bernama Getsemani. Dia berkata kepada pengikut-pengikut-Nya, "Tinggallah di sini sementara Aku pergi ke sana untuk berdoa." Dia membawa Petrus dan kedua-dua anak Zebedeus. Dia berasa sangat sedih. Dia berkata, "Kesedihan ini menyayat hati-Ku. Tinggallah di sini dan berjagalah bersama-sama Aku."
39 Dia berjalan sedikit ke hadapan lalu sujud dan berdoa, "Ya Bapa-Ku, jika ada jalan, keluarkanlah Aku daripada ini. Tetapi janganlah seperti yang Aku kehendaki. Apa yang Engkau *kehendaki* ?"
40-41 Apabila Dia kembali kepada pengikut-pengikut-Nya, Dia mendapati mereka sedang tidur nyenyak. Dia berkata kepada Petrus, "Tidakkah kamu sanggup bersabar walaupun sejam bersama-Ku? Berjaga-jagalah dan berdoalah supaya kamu tidak ke dalam godaan tanpa menyedari bahawa kamu berada dalam bahaya. Ada sebahagian daripada dirimu yang bersemangat dan bersedia untuk apa sahaja dalam Tuhan. Tetapi ada bahagian lain yang malas seperti anjing tua yang tidur di tepi api."
42 Kemudian Dia meninggalkan mereka untuk kali kedua dan berdoa lagi , "Ya Bapa-Ku, jika tidak ada cara lain selain daripada ini, Aku akan meminum cawan ini hingga habis, Aku sedia. Lakukanlah dengan cara-Mu."
43-44 Apabila Dia kembali, Dia mendapati mereka sedang tidur nyenyak. Mereka tidak dapat membuka mata. Kali ini Dia membiarkan mereka tidur, lalu kembali untuk kali ketiga untuk berdoa, meredah tanah yang sama untuk kali terakhir.
45-46 Apabila Yesus kembali pada kali kedua, Dia berkata, "Adakah kamu akan tidur dan bermalas-malasan? Masa-Ku sudah tamat, Anak Manusia akan diserahkan kepada orang

berdosa. Bangunlah! Marilah kita pergi! Pengkhianat-Ku
sudah datang."

Matius 6:10
Versi Raja James Baharu
10 Datanglah Kerajaan-Mu.
Jadilah kehendak-Mu di bumi seperti *di* syurga.

Matius 6:10-13
Mesej itu
7-13 "Dunia ini penuh dengan apa yang dipanggil pahlawan doa yang jahil tentang doa. Mereka penuh dengan formula, program, dan nasihat, menjajakan teknik untuk mendapatkan apa yang anda inginkan daripada Tuhan. Jangan terpedaya dengan omong kosong itu. Inilah Bapamu yang sedang kamu hadapi, dan Dia lebih tahu daripada kamu apa yang kamu perlukan. Dengan Tuhan seperti ini yang mengasihi kamu, kamu boleh berdoa dengan sangat mudah. Seperti ini:
Bapa kami yang di syurga,
nyatakan siapa Engkau. Perbaiki dunia; Lakukan yang terbaik— seperti di atas, begitu juga di bawah. Hidupkan kami dengan tiga hidangan. Ampuni kami bersama-Mu dan ampuni orang lain. Jauhkan kami daripada diri kami sendiri dan Iblis. Engkau yang berkuasa! Engkau boleh melakukan apa sahaja yang Engkau inginkan! Engkau bercahaya dalam keindahan! Ya. Ya. Ya.

6 pagi Bapa, bukan kehendak kami, tetapi kehendak-Mulah yang terjadi di dalam kami, melalui kami, dan melalui Gereja-Mu pada musim strategik ini.

9 pagi Biarlah setiap agenda duniawi mati di hadapan mezbah sehingga nasihat Tuhan tertegak tertinggi.

12 tengah hari saya menerima kekuatan untuk berdoa melalui kesedihan, tekanan, dan rintangan tanpa meninggalkan ketaatan.

3 petang Setiap cawan penderitaan yang bukan dari-Mu, biarlah ia berlalu; setiap tugasan dari-Mu, biarlah rahmat disediakan untuk menggenapinya.

6 petang Tuhan, selaraskan keinginan, keputusan, dan deklarasi kami dengan corak syurga.

9 malam Aku membungkam setiap suara manusia yang menentang penyerahan diri, kekudusan, dan ketaatan yang mahal.

12 tengah malam Biarlah Gereja keluar dari Getsemani dengan pengudusan yang mantap dan tekad yang tidak terbendung.

3 pagi Bapa, baptislah aku dalam penyerahan diri sehingga doa menjadi selaras dengan tujuan abadi-Mu.

Hari 9 - Musa di Jurang

Kitab Suci: Keluaran 32:11-14; Keluaran 32:30-33

Keluaran 32:11-14
Versi Raja James Baharu
[11] Lalu Musa memohon kepada [a] TUHAN, Allahnya,
katanya: "Tuhan, mengapa murka-Mu menyala-nyala terhadap
umat-Mu yang telah Kaubawa keluar dari tanah Mesir dengan
kuasa yang besar dan dengan tangan yang kuat? [12]
Mengapakah orang Mesir harus berkata, 'Dia membawa
mereka keluar untuk menyakiti mereka, untuk membunuh
mereka di gunung-gunung, dan untuk membinasakan mereka
dari muka bumi'? Berpalinglah dari murka-Mu yang menyala-
nyala itu, dan bertobatlah dari malapetaka yang menimpa
umat-Mu ini. [13] Ingatlah kepada Abraham, Ishak dan Israel,
hamba-hamba-Mu, yang kepada mereka Engkau bersumpah
demi diri-Mu sendiri dan berfirman kepada mereka: Aku akan
membuat keturunanmu banyak seperti bintang di langit; dan
seluruh negeri yang telah Kufirmankan ini akan Kuberikan
kepada keturunanmu, dan mereka akan memilikinya *untuk*
selama-lamanya. ' " [14] Maka menyesallah TUHAN kerana
malapetaka yang telah difirmankan-Nya akan menimpa umat-
Nya.

Keluaran 32:11-14
Mesej itu
[11-13] Musa cuba menenangkan Tuhannya. Dia berkata, "Ya
Tuhan, mengapa Engkau murka terhadap umat-Mu?
Mengapa, Engkau membawa mereka keluar dari Mesir
dengan kuasa dan kekuatan yang luar biasa? Mengapa orang
Mesir berkata, 'Dia telah menyusahkan mereka—Dia
membawa mereka keluar supaya Dia dapat membunuh
mereka di gunung, menghapuskan mereka dari muka bumi.'

Hentikan kemarahan-Mu. Fikirlah dua kali untuk mendatangkan kejahatan terhadap umat-Mu! Fikirkanlah Abraham, Ishak, dan Israel, hamba-hamba-Mu yang telah Engkau janjikan kepada mereka, 'Aku akan memberi kamu banyak anak, sebanyak bintang di langit, dan Aku akan memberikan tanah ini kepada anak-anakmu sebagai tanah mereka selama-lamanya.'"
14 Dan Tuhan memang berfikir dua kali. Dia memutuskan untuk tidak melakukan kejahatan yang telah Dia ancam terhadap umat-Nya.

Keluaran 32:30-33
Versi Raja James Baharu
30 Keesokan harinya berkatalah Musa kepada bangsa itu:
"Kamu telah melakukan dosa yang besar; oleh sebab itu
sekarang aku akan naik menghadap TUHAN; mungkin aku
dapat mengadakan pendamaian bagi dosamu itu." 31
Kemudian kembalilah Musa menghadap TUHAN dan
berkata: "Ah, bangsa ini telah melakukan dosa yang besar, dan
telah membuat bagi mereka dewa emas. 32 Tetapi sekarang,
jika Engkau mengampuni dosa mereka, tetapi jika tidak,
hapuskanlah kiranya namaku dari dalam kitab-Mu yang telah
Kautulis."
33 Dan Tuhan berfirman kepada Musa, "Sesiapa yang telah berdosa terhadap Aku, dia akan Kuhapuskan dari kitab-Ku.

Keluaran 32:30-34
Mesej itu
30 Keesokan harinya Musa berkata kepada bangsa itu: "Kamu telah berbuat dosa yang besar! Tetapi aku akan naik menghadap Tuhan; mungkin aku dapat mengampuni dosamu."
31-32 Musa kembali kepada Tuhan dan berkata, "Ini sungguh dahsyat. Bangsa ini telah berdosa—dosa yang besar! Mereka membuat tuhan-tuhan emas untuk diri mereka sendiri. Dan sekarang, jika Engkau mengampuni dosa mereka . . . . . Tetapi jika tidak, hapuskanlah aku dari kitab yang telah kautulis."

33-34 Tuhan berfirman kepada Musa, “Aku hanya akan menghapuskan dari kitab-Ku orang yang berdosa terhadap-Ku. Sekarang juga, pergilah dan pimpinlah bangsa itu ke tempat yang telah Kukatakan kepadamu. Lihatlah, Malaikat-Ku akan berjalan di hadapanmu. Namun, pada hari Aku membalas perbuatan mereka, dosa-dosa mereka pasti akan menjadi sebahagian daripada balasan.”

6 pagi Tuhan, ajarlah aku untuk menjadi syafaat berdasarkan perjanjian-Mu, nama-Mu, dan niat penebusan -Mu .

Jam 9 pagi aku berdiri di celah untuk rumah tanggaku, kotaku, dan Gereja, memohon belas kasihan di tempat yang selayaknya dihukum.

12 tengah hari Biarlah murka diredamkan oleh belas kasihan dan biarlah taubat membuka pintu untuk pemulihan di tanah kita.

3 petang Bapa, ingatlah janji-janji-Mu dan biarkan perjanjian mengatasi kemusnahan di tempat-tempat yang ditandai untuk pemulihan ilahi.

6 petang Aku menyamakan diri dengan orang-orang di hadapan-Mu; Aku menolak kerohanian yang mementingkan diri sendiri dan menerima beban korporat.

9 malam Setiap tuduhan yang mengatakan bahawa sesuatu kaum sudah terlalu musnah untuk pulih, dibungkamkan oleh rahmat Tuhan.

12 pagi Tuhan, peliharalah kesaksian-Mu di antara bangsa-bangsa dan biarlah perbuatan-perbuatan-Mu yang perkasa menyatakan kembali kesetiaan-Mu.

3 pagi Bangkitkan pada waktu ini para pendoa syafaat yang boleh merayu, bertahan, dan menang sehingga seluruh komuniti terselamat.

Hari 10 - Kehadiran, Nikmat, dan Keagungan

Ayat-ayat Alkitab: Keluaran 33:13-16; Ibrani 4:14-16

Keluaran 33:13-16
Versi Raja James Baharu
13 Oleh itu, jika aku telah mendapat kasih karunia di hadapan-
Mu, tunjukkanlah kiranya jalan-Mu kepadaku, supaya aku
mengenal Engkau dan supaya aku mendapat kasih karunia di
hadapan-Mu. Ingatlah, bahwa bangsa ini *adalah* umat-Mu."
14 Lalu Dia berfirman, "Hadirat-Ku akan menyertai *engkau* dan
Aku akan memberi engkau ketenteraman."
15 Lalu berkatalah Musa kepada-Nya: "Jika Engkau tidak
menyertai *kami,* janganlah Engkau membawa kami keluar dari
sini. 16 Sebab bagaimanakah akan diketahui, bahwa aku dan
umat-Mu telah mendapat kasih karunia di hadapan-Mu, jika
Engkau tidak menyertai kami? Dengan demikian kami, aku
dan umat-Mu, terpisah dari segala bangsa yang *ada* di atas
muka bumi."

Keluaran 33:13-16
Mesej itu
12-13 Musa berkata kepada Tuhan, "Lihatlah, Engkau berfirman
kepadaku, 'Pimpinlah bangsa ini,' tetapi Engkau tidak
memberitahuku siapa yang akan Kauutus bersamaku. Engkau
berkata kepadaku, 'Aku mengenal Engkau dengan baik dan
Engkau istimewa bagiku.' Jika aku begitu istimewa bagi-Mu,
beritahukanlah kepadaku rancangan-Mu. Dengan cara itu, aku
akan terus istimewa bagi-Mu. Jangan lupa, ini adalah umat-
Mu , tanggungjawab-Mu."
14 Tuhan berfirman, "Kehadiran-Ku akan menyertai engkau.
Aku akan melihat perjalananmu sampai ke penghujungnya."

[15-16] Musa berkata, "Jika kehadiran-Mu tidak memimpin kami di sini, hentikan perjalanan ini sekarang juga. Bagaimana pula orang akan tahu bahawa Engkau menyertai aku dalam hal ini, bersama aku dan umat-Mu? Adakah Engkau berjalan bersama kami atau tidak? Bagaimana pula kami akan tahu bahawa kami istimewa, aku dan umat-Mu, di antara semua orang lain di planet Bumi ini?"

Ibrani 4:14-16
Versi Raja James Baharu
Imam Besar Kita yang Berbelas Kasihan
[14] Oleh itu, memandangkan kita mempunyai Imam Besar Agung yang telah melintasi syurga, iaitu Yesus, Anak Tuhan, marilah kita berpegang teguh pada pengakuan *kita* . [15] Kerana kita mempunyai Imam Besar yang tidak dapat bersimpati dengan kelemahan kita, sebaliknya Dia telah dicobai dalam segala *hal seperti kita. namun* tanpa dosa. [16] Oleh itu, marilah kita dengan berani menghampiri takhta rahmat, supaya kita menerima rahmat dan menemukan rahmat untuk pertolongan pada masa kita memerlukan.

Ibrani 4:14-16
Mesej itu
Imam Besar yang Menjerit Kesakitan
[14-16] Sekarang kita tahu apa yang kita miliki—Yesus, Imam Besar yang agung ini dengan akses mudah kepada Tuhan—janganlah kita biarkan ia terlepas dari genggaman kita. Kita tidak mempunyai imam yang tidak memahami realiti kita. Dia telah melalui kelemahan dan ujian, mengalami semuanya—semuanya kecuali dosa. Jadi marilah kita berjalan terus kepada-Nya dan mendapatkan apa yang Dia sedia berikan. Terimalah belas kasihan, terimalah pertolongan.

6 pagi Bapa, jika kehadiran-Mu tidak menyertai kami, janganlah kami bergerak; tandai kami dengan kedekatan-Mu dan bukan dengan kekuatan manusia.

9 pagi aku memperoleh rahmat dan menemukan rahmat untuk pertolongan pada saat keperluan ini bagi diriku, Gereja, dan bangsa-bangsa.

12 tengah hari Biarlah kehadiran ilahi membezakan umat-Mu daripada setiap sistem palsu dan agama yang tidak berdaya.

3 petang Setiap pengganti kehadiran Tuhan dalam pelayanan dan kehidupan peribadi, hendaklah didedahkan dan disingkirkan.

6 petang Tuhan, tunjukkanlah kepada kami jalan-Mu supaya kami mengenal Engkau dan hidup dalam perkenan di hadapan-Mu.

9 malam Aku menitahkan bahawa persekutuan dengan Tuhan akan menjadi kekuatan, keindahan, dan pertahanan bagi umat yang sisa.

12 tengah malam Biarlah suasana rumah, gereja, dan wilayah berubah kerana kehadiran-Mu telah menetap di sana.

3 pagi Bapa, jadikan kami pembawa kehadiran suci yang menggantikan kegelapan dan menetapkan perbezaan yang benar.

Hari 11 - Gunung Gereja: Kesucian dan Api

Ayat-ayat Alkitab: 2 Tawarikh 7:13-16; Efesus 6:10-18

2 Tawarikh 7:13-16
Versi Raja James Baharu
13 Apabila Aku menutup langit sehingga tidak ada hujan, atau
memerintahkan belalang untuk memakan habis tanah, atau
mengirimkan penyakit sampar ke antara umat-Ku, 14 dan
umat-Ku yang disebut dengan nama-Ku merendahkan diri,
berdoa dan mencari wajah-Ku, lalu berbalik dari jalan jahat
mereka, maka Aku akan mendengar dari sorga dan
mengampuni dosa mereka serta menyembuhkan tanah
mereka. 15 Sekarang mata-Ku akan terbuka dan telinga-Ku
akan memperhatikan doa *yang diucapkan* di tempat ini. 16 Sebab
sekarang Aku telah memilih dan [a] menguduskan rumah ini,
supaya nama-Ku ada di sana selama-lamanya; dan [b] mata-Ku
dan [c] hati-Ku akan ada di sana sepanjang masa.

Efesus 6:10-18
Versi Raja James Baharu
Seluruh Perisai Tuhan
10 Akhirnya, saudara-saudaraku, hendaklah kamu kuat di
dalam Tuhan dan di dalam kuasa kuasa-Nya. 11 Kenakanlah
seluruh perlengkapan senjata Tuhan, supaya kamu dapat
bertahan melawan tipu daya Iblis. **12 Kerana kita bergelut bukan melawan darah dan
daging, tetapi melawan** pemerintah -pemerintah, melawan penguasa-
penguasa, melawan penghulu-penghulu dunia yang gelap ini,
melawan roh- roh *jahat* di tempat -tempat syurgawi . 13 Oleh itu,
pakailah seluruh perlengkapan senjata Tuhan, supaya kamu
dapat bertahan pada hari yang jahat itu, dan setelah kamu
menyelesaikan segala sesuatu, kamu tetap berdiri.

14 Oleh itu, berdirilah teguh, berikat pinggangmu dengan
kebenaran dan berbajuzirah keadilan, 15 dan kakimu dengan
persediaan untuk menyebarkan Injil damai sejahtera, 16 dan di
atas semuanya, ambillah perisai iman, yang akan dapat
memadamkan semua panah api dari si jahat. 17 dan ambillah
ketopong keselamatan dan pedang Roh, iaitu firman Allah. 18
dan berdoalah selalu dalam Roh dengan segala doa dan
permohonan, dan berjaga-jagalah untuk tujuan itu dengan
segala ketekunan dan permohonan untuk semua orang kudus,

2 Tawarikh 7:13-18

Mesej itu

12-18 Tuhan menampakkan diri kepada Salomo pada malam itu juga dan berfirman, “Aku menerima doamu; ya, Aku telah memilih tempat ini sebagai bait suci untuk pengorbanan, rumah ibadat. Jika Aku mematikan bekalan hujan dari langit atau memerintahkan belalang untuk memakan hasil tanaman atau mengirimkan wabak ke atas umat-Ku, dan umat-Ku, umat yang ditentukan Tuhan-Ku, menjawab dengan merendahkan diri, berdoa, mencari hadirat-Ku, dan berpaling daripada kehidupan jahat mereka, Aku akan berada di sana bersedia untukmu: Aku akan mendengar dari syurga, mengampuni dosa mereka, dan memulihkan tanah mereka. Mulai sekarang Aku berjaga siang dan malam terhadap doa yang dipanjatkan di tempat ini. Percayalah kepada-Ku, Aku telah memilih dan menguduskan Rumah Suci yang telah kaubina ini: Nama-Ku tertera di atasnya selama-lamanya; mata-Ku tertuju padanya dan hati-Ku di dalamnya sentiasa. Mengenai engkau, jika engkau hidup di hadirat-Ku seperti Daud, ayahmu, suci hati dan tindakannya, menjalani kehidupan yang telah Kutetapkan untukmu, taat kepada tuntunan dan peraturan-Ku, maka Aku akan menyokong pemerintahan rajamu atas Israel—menjadikannya sesuatu yang pasti pada suatu hari nanti. dasar yang teguh. Jaminan perjanjian yang sama yang telah Kuberikan kepada Daud, ayahmu, Aku berikan kepadamu, iaitu, 'Engkau boleh bergantung pada keturunanmu untuk selama-lamanya menduduki takhta Israel.'

Efesus 6:10-18
Mesej itu
Perjuangan hingga ke penghujungnya
10-12 Dan itu sahaja kesimpulannya. Tuhan itu kuat, dan Dia mahu kamu kuat. Jadi, ambillah segala yang telah disediakan oleh Tuhan untuk kamu, senjata yang dibuat dengan baik daripada bahan terbaik. Dan gunakanlah semuanya supaya kamu dapat bertahan terhadap segala yang dilemparkan oleh Iblis kepadamu. Ini bukanlah perang hujung minggu yang akan kita tinggalkan dan lupakan dalam beberapa jam sahaja. Ini untuk selama-lamanya, pertarungan hidup atau mati hingga ke penghujungnya menentang Iblis dan semua malaikatnya.
13-18 Bersedialah. Anda menghadapi jauh lebih banyak daripada yang dapat anda tangani sendiri. Ambil semua bantuan yang anda dapat, setiap senjata yang telah Tuhan keluarkan, supaya apabila semuanya berakhir kecuali seruan, anda masih akan berdiri tegak. Kebenaran, kebenaran, kedamaian, iman, dan keselamatan lebih daripada sekadar kata-kata. Belajarlah cara menerapkannya. Anda akan memerlukannya sepanjang hidup anda. Firman Tuhan adalah senjata *yang sangat diperlukan* . Dengan cara yang sama, doa adalah penting dalam peperangan yang berterusan ini. Berdoalah dengan bersungguh-sungguh dan panjang. Berdoalah untuk saudara-saudari anda. Pastikan mata anda terbuka. Pastikan semangat satu sama lain sentiasa tinggi supaya tiada siapa yang ketinggalan atau berputus asa.

6 pagi Tuhan, rendahkanlah Gereja-Mu, panggillah kami kembali kepada doa, dan sembuhkan negeri ini ketika kami bertaubat dan kembali.

Jam 9 pagi aku memakai seluruh perlengkapan senjata Tuhan dan enggan berperang rohani dengan senjata duniawi.

12 tengah hari Biarlah setiap pencemaran dalam keimamatan disucikan dengan api kudus dan dengan takut akan Tuhan.

3 petang Setiap pintu neraka yang bertempur melawan gunung Gereja , dirobohkan oleh kuasa Yesus Kristus.

6 petang Bapa, pulihkan disiplin, doktrin, kekudusan, dan kuasa di rumah-Mu.

9 malam Biarlah setiap penjaga yang sedang tidur terjaga dan setiap altar yang telah dikompromikan dibersihkan.

Jam 12 pagi saya menitahkan bahawa gereja-gereja hendaklah menjadi pusat pembebasan, pemuridan, penyembuhan, dan transformasi negara.

Jam 3 pagi Ya Tuhan, biarlah Gereja yang berdoa, suci, dan militan bangkit dan mengganggu kerajaan kegelapan.

Hari 12 - Gunung Gereja: Pihak Berkuasa Kerasulan

Ayat-ayat Alkitab: Kisah Para Rasul 4:29-30; Efesus 6:19-20

Kisah Para Rasul 4:29-30
Mesej itu
29-30 "Dan sekarang mereka melakukannya lagi! Jagalah ancaman mereka dan berikanlah hamba-hamba-Mu keyakinan yang tidak gentar dalam menyampaikan Pesan-Mu, sambil Engkau menghulurkan tangan-Mu kepada kami dalam penyembuhan dan mukjizat dan keajaiban yang dilakukan dalam nama Yesus, Hamba-Mu yang kudus."

Efesus 6:19-20
Mesej itu
19-20 Dan jangan lupa untuk berdoa untuk saya. Berdoalah agar saya tahu apa yang perlu dikatakan dan mempunyai keberanian untuk mengatakannya pada masa yang tepat, menceritakan misteri kepada semua orang, Pesanan yang saya, sebagai pengkhutbah penjara, bertanggungjawab untuk menyampaikannya.

Kisah Para Rasul 4:29-30
Versi Raja James Baharu
29 Sekarang, ya Tuhan, perhatikanlah ancaman mereka itu, dan berikanlah kepada hamba-hamba-Mu supaya mereka dengan penuh keberanian menyampaikan firman-Mu, 30 dengan menghulurkan tangan-Mu untuk menyembuhkan, dan supaya tanda-tanda dan mujizat-mujizat dapat dilakukan oleh nama Yesus, Hamba-Mu yang kudus."

Efesus 6:19-20
Versi Raja James Baharu

[19] dan untuk aku, supaya kepadaku diberikan perkataan, supaya aku dapat membuka mulutku dengan berani untuk memberitahukan rahasia Injil, [20] yang untuknya aku menjadi utusan yang dirantai, supaya dalam Injil itu aku dapat berbicara dengan berani, seperti yang sepatutnya aku katakan.

6 pagi Bapa, pakaikanlah Gereja-Mu keberanian untuk memberitakan Kristus secara terbuka, tepat, dan tanpa permintaan maaf.

9 pagi Biarlah ucapan diberikan kepada para rasul, nabi, penginjil, gembala, guru, dan pemberi syafaat pada jam ini.

12 tengah hari aku mematahkan semangat rasa malu, takut-takut, dan kompromi yang melemahkan kesaksian kerajaan.

3 petang Tuhan, sokonglah pemberitaan Injil dengan tanda-tanda, keajaiban, keyakinan, dan pengalaman yang mengubahkan.

6 petang Setiap sekatan ke atas gerakan kerasulan, angkatlah tangan Tuhan.

9 malam Aku menitahkan bahawa Gereja tidak akan berundur di bawah tekanan tetapi akan maju dengan kebijaksanaan dan kuasa.

12 pagi Biarlah keberanian suci turun ke atas orang percaya muda, orang tua-tua, dan para pemimpin.

3 pagi Bapa, bangunkanlah sebuah Gereja yang membuat undang-undang dalam doa dan melaksanakan rancangan-Mu di bumi.

Hari 13 - Gunung Keluarga: Menyembuhkan Kerosakan

Tulisan Suci: Maleakhi 4:5–6; Keluaran 20:12

Maleakhi 4:5-6
Versi Raja James Baharu
5 Sesungguhnya, Aku akan mengutus nabi Elia kepadamu sebelum datangnya hari TUHAN yang besar dan dahsyat itu.
6 Dan ia akan membuat
hati bapa-bapa berbalik kepada anak-anaknya, dan hati anak-anak kepada bapa-bapanya, supaya Aku jangan datang dan memukul bumi dengan kutukan."

Keluaran 20:12
Versi Raja James Baharu
12 "Hormatilah ayahmu dan ibumu, supaya lanjut umurmu di tanah yang diberikan TUHAN, Allahmu, kepadamu.

Maleakhi 4:5-6
Mesej itu
5-6 "Tetapi lihatlah juga ke hadapan: Aku akan mengutus nabi Elia untuk membuka jalan bagi Hari Besar Tuhan—Hari Penghakiman yang menentukan! Dia akan meyakinkan ibu bapa untuk menjaga anak-anak mereka dan anak-anak untuk menghormati ibu bapa mereka. Jika mereka enggan, Aku akan datang dan mengutuk negeri ini."

Keluaran 20:12
Mesej itu
12 Hormatilah ayah dan ibumu supaya engkau hidup lama di tanah yang diberikan TUHAN, Allahmu, kepadamu.

6 pagi Bapa, patuhilah hati bapa kepada anak-anak dan anak-anak kepada bapa, dan sembuhkan keretakan yang diwarisi dalam keluarga.

Pukul 9 pagi saya memecahkan corak kepahitan, pengabaian, penderaan dan salah faham kronik yang berlaku dalam rumah tangga.

12 tengah hari Biarlah darah Yesus mengucapkan kedamaian atas perkahwinan, adik-beradik, ibu bapa, dan anak-anak.

3 petang Setiap mezbah generasi yang menaja pemberontakan, kelewatan, kemandulan, dan kekeliruan, terbakarlah sekarang.

6 petang Tuhan, pulihkan kehormatan, kelembutan, disiplin, kebenaran, dan penyerahan diri bersama dalam rumah tangga Kristian.

9 malam Saya menitahkan bahawa keluarga hendaklah menjadi tempat latihan untuk kebenaran dan inkubator takdir.

12 tengah malam Biarlah orang yang hilang kembali, biarlah ahli yang terluka sembuh, dan biarlah perdamaian mengatasi keterasingan.

3 pagi Bapa, selamatkan gunung keluarga untuk kemuliaan-Mu dan gulingkan setiap konspirasi terhadap rumah tangga perjanjian.

Hari 14 - Gunung Keluarga: Anak-anak dan Benih Perjanjian

Ayat-ayat Alkitab: Yesaya 54:13; Mazmur 127:3-5; Efesus 6:1

Yesaya 54:13
Versi Raja James Baharu
13 Semua anakmu *akan* diajar oleh Tuhan,
dan besarlah *kedamaian* anak-anakmu.

Mazmur 127:3-5
Versi Raja James Baharu
3 Sesungguhnya, anak-anak lelaki *adalah warisan* dari Tuhan,
buah kandungan *adalah* ganjaran.
4 Seperti anak panah di tangan pahlawan,
demikianlah anak-anak masa muda.
5 Berbahagialah *orang* yang penuh dengan panahnya;
mereka tidak akan malu, tetapi akan berbicara dengan musuh mereka di pintu gerbang.

Efesus 6:1
Versi Raja James Baharu
Kanak-kanak dan Ibu Bapa
6 Hai anak-anak, taatilah ibu bapamu di dalam Tuhan, kerana itulah yang benar.

Yesaya 54:13-17
Mesej itu
11-17 "Kota yang menderita, dilanda ribut, tidak berbelas kasihan:
Aku akan membangun kembali engkau dengan batu-batu biru pirus, Letakkan dasarmu dengan batu nilam, bangun menaramu dengan batu delima, Gerbang-gerbangmu dengan

permata, dan semua tembokmu dengan batu permata. Semua anakmu akan menjadikan Tuhan sebagai guru mereka—sungguh seorang mentor bagi anak-anakmu!
Kamu akan dibina dengan kukuh, berlandaskan kebenaran, jauh dari sebarang masalah—tiada yang perlu ditakuti! jauh dari keganasan—ia tidak akan mendekati! Jika sesiapa menyerangmu, janganlah sesekali menganggap bahawa Akulah yang mengutus mereka, Dan jika sesiapa menyerang, tiada apa yang akan berlaku. Aku menciptakan tukang besi yang menyalakan bengkelnya dan membuat senjata yang direka untuk membunuh. Aku juga menciptakan pemusnah—tetapi tiada senjata yang boleh menyakitimu yang pernah ditempa. Mana-mana penuduh yang membawamu ke mahkamah akan dianggap sebagai pembohong. Inilah yang boleh diharapkan oleh hamba-hamba Tuhan. Aku akan memastikan semuanya berjalan lancar." Keputusan Tuhan.

Mazmur 127:3-5

Mesej itu

3-5 Tidakkah kamu nampak bahawa anak-anak adalah anugerah Tuhan yang terbaik?
Buah rahim adalah warisan-Nya yang murah hati? Seperti segenggam anak panah pahlawan adalah anak-anak dari pemuda yang bertenaga. Oh, betapa berbahagianya kamu ibu bapa, dengan tabung panahmu penuh dengan anak-anak! Musuhmu tidak berpeluang melawanmu; kamu akan menyapu bersih mereka dari depan pintu rumahmu.

Efesus 6:1-3

Mesej itu

6 1-3 Hai anak-anak, taatilah perintah ibu bapamu. Itulah yang sepatutnya. "Hormatilah ayah dan ibumu" adalah perintah pertama yang mempunyai janji, iaitu, "supaya kamu hidup dengan baik dan panjang umur."

6 pagi Tuhan, ajarlah anak-anak kami dengan Roh-Mu dan wujudkan kedamaian yang besar dalam hidup mereka.

9 pagi saya melindungi kanak-kanak, belia dan dewasa muda dengan perlindungan ilahi daripada rasuah, keganasan dan godaan.

12 tengah hari Setiap tuntutan setan ke atas benih perjanjian, dibatalkan oleh darah Yesus.

3 petang Biarlah anak-anak bangkit seperti anak panah di tangan Yang Maha Kuasa, yang ditujukan tepat untuk tujuan kerajaan.

6 petang Ayah, hentikan ketagihan, kekeliruan identiti, rasa ingin tahu ghaib, dan ikatan rakan sebaya dari generasi ini.

9 malam Saya menitahkan agar anak-anak lelaki dan perempuan kita membawa kebijaksanaan, kesucian, keberanian, dan kejelasan kenabian.

12 tengah malam Biarlah sekolah, rumah, dan gereja menjadi tempat di mana kehidupan anak-anak muda bertemu Tuhan secara mendalam.

3 pagi Ya Tuhan, peliharalah generasi akan datang daripada kemusnahan dan ubahlah mereka menjadi tanda dan keajaiban bagi kerajaan-Mu.

Hari 15 - Gunung Kerajaan: Pemerintahan yang Adil

Ayat-ayat Alkitab: Yesaya 9:6-7; 1 Timotius 2:1-2

Yesaya 9:6-7
Versi Raja James Baharu
6 Kerana seorang Anak telah lahir untuk kita,
seorang Putera telah diberikan untuk kita; pemerintahan akan berada di atas bahu-Nya, dan namanya akan disebut Penasihat Ajaib, Allah yang Perkasa, Bapa yang Kekal, Raja Damai.
7 Kebangkitan pemerintahan *-Nya* dan kedamaian
tidak akan berkesudahan,
di atas takhta Daud dan di atas kerajaan-Nya, untuk menetapkan dan mengokohkannya dengan keadilan dan kebenaran, dari waktu itu dan seterusnya sampai selama-lamanya. Kecemburuan TUHAN semesta alam akan melakukan ini.

1 Timotius 2:1-2
Versi Raja James Baharu
Berdoalah untuk Semua Lelaki
2 Oleh itu, pertama - tama sekali aku menasihati supaya permohonan, doa syafaat, *dan* ucapan syukur dipanjatkan untuk semua orang, **2 untuk raja - raja** dan semua yang berkuasa , supaya kita dapat menjalani kehidupan yang tenang dan damai dalam segala kesalehan dan [c] hormat .

Yesaya 9:6-7
Mesej itu
2-7 Bangsa yang berjalan dalam kegelapan
telah melihat cahaya yang besar. Bagi mereka yang tinggal di negeri yang gelap gulita—cahaya! pancaran cahaya matahari! Engkau telah memenuhi bangsa itu kembali,

Engkau meluaskan kegembiraannya. Oh, mereka sangat gembira di hadirat-Mu! Kegembiraan perayaan! Kegembiraan perayaan yang besar, berkongsi hadiah yang melimpah ruah dan salam mesra. Penderaan penindas dan kekejaman para tiran—semua cemeti, belantan, dan kutukan mereka—Telah hilang, dihapuskan, pembebasan yang mengejutkan dan mendadak seperti kemenangan Gideon yang lama ke atas Midian. But semua tentera penyerang itu, bersama dengan baju mereka yang dibasahi darah orang yang tidak bersalah, Akan ditimbun dan dibakar, api yang akan menyala selama berhari-hari! Kerana seorang anak telah dilahirkan—untuk kita! kurniaan seorang anak lelaki—untuk kita! Dia akan mengambil alih pemerintahan dunia. Nama-namanya ialah: Penasihat yang Menakjubkan, Tuhan yang Kuat, Bapa yang Kekal, Raja Keseluruhan. Kewibawaan pemerintahannya akan bertumbuh, dan tidak akan ada batasan untuk keseluruhan yang dibawanya. Dia akan memerintah dari takhta Daud yang bersejarah atas kerajaan yang dijanjikan itu. Dia akan meletakkan kerajaan itu di atas pijakan yang teguh dan meneruskannya Dengan perlakuan yang adil dan kehidupan yang benar, bermula sekarang dan kekal selama-lamanya. Semangat Tuhan Yang Maha Kuasa akan melakukan semua ini.

1 Timotius 2:1-3

Mesej itu

Iman Sederhana dan Kebenaran Jelas

2 1-3 Perkara pertama yang saya mahu anda lakukan ialah berdoa. Berdoalah dengan cara yang anda tahu, untuk semua orang yang anda kenali. Berdoalah terutamanya untuk pemerintah dan kerajaan mereka agar memerintah dengan baik supaya kita dapat menjalani kehidupan kita dengan tenang dan sederhana, dalam renungan yang rendah hati. Inilah cara hidup yang dikehendaki oleh Tuhan Penyelamat kita.

6 pagi Bapa, semoga peningkatan pemerintahan yang benar dan kedamaian ditegakkan di negara-negara kami di bawah ketuhanan Kristus.

9 pagi Kami mengangkat raja, presiden, gabenor, penggubal undang-undang, hakim, dan pemimpin sivik ke hadapan-Mu untuk kebijaksanaan dan pengendalian diri.

12 tengah hari Setiap agenda rasuah, pertumpahan darah, penindasan, dan cita-cita tanpa undang-undang, didedahkan dan dibatalkan.

3 petang Biarlah kaunselor yang berintegriti dan lelaki serta wanita yang takut akan Tuhan bangkit di tempat berpengaruh yang strategik.

6 petang Aku menitahkan bahawa undang-undang yang jahat tidak akan tetap berlaku, dan penghakiman yang adil akan ditegakkan.

9 malam Ayah, bongkarlah takhta ilmu sihir, rasuah, dan manipulasi halimunan di sebalik kepimpinan awam.

12 tengah malam Biarlah sistem kerajaan diganggu oleh rasa takut akan Tuhan dan dialihkan ke arah keadilan.

3 pagi Ya Tuhan, lindungilah tanah kami daripada pemerintah yang ganas dan pemimpin kerusi yang akan melindungi kehidupan, kebenaran, dan kebebasan.

Hari 16 - Gunung Kerajaan: Keadilan dan Pembebasan

Ayat Suci: Mazmur 72:14 Mazmur 82:1-8

Mazmur 72:14
Versi Raja James Baharu
14 Dia akan menebus nyawa mereka daripada penindasan dan keganasan;
darah mereka akan berharga di mata-Nya.

Mazmur 82
Versi Raja James Baharu
Rayuan untuk Keadilan
Mazmur Asaf.
82 Tuhan berdiri dalam jemaah [a] yang maha kuasa;
Dia menghakimi di antara [b] para dewa.
2 Berapa lama lagi kamu akan menghakimi dengan tidak adil,
dan memihak kepada orang fasik? *Sela*
3 [c] Belalah orang miskin dan yatim piatu,
laksanakan keadilan kepada orang yang sengsara dan miskin.
4 Bebaskanlah orang miskin dan miskin,
bebaskanlah *mereka* dari tangan orang fasik.
5 Mereka tidak tahu dan tidak juga faham;
mereka berjalan dalam kegelapan; segala dasar bumi tidak stabil .
6 Aku berkata, " *Engkau* [c] dewa-dewa,
Dan kamu semua *adalah* anak-anak Yang Maha Tinggi.
7 Tetapi kamu akan mati seperti manusia,
Dan rebah seperti salah seorang pembesar."
8 Bangkitlah, ya Allah, hukumlah bumi;
kerana Engkaulah yang akan mewarisi segala bangsa.

Mazmur 72:14
Mesej itu
9-14 Musuh akan berlutut di hadapan Tuhan,
musuh-musuh-Nya menjilat debu. Raja-raja yang terpencil dan legenda akan memberi penghormatan, raja-raja yang kaya dan gemilang akan menyerahkan kekayaan mereka. Semua raja akan sujud dan menyembah, dan bangsa-bangsa yang tidak bertuhan akan mendaftar untuk melayani-Nya, Kerana Dia menyelamatkan orang miskin pada tanda pertama keperluan, orang miskin yang telah kehabisan nasib. Dia membuka tempat di hati-Nya untuk orang yang sengsara, Dia memulihkan orang yang sengsara di bumi. Dia membebaskan mereka daripada tirani dan penyeksaan— apabila mereka berdarah, Dia berdarah; apabila mereka mati, Dia mati.

Mazmur 82
Mesej itu
82 Tuhan memanggil para hakim ke bilik mahkamah-Nya,
Dia menempatkan semua hakim di kandang tertuduh.
2-4 "Cukup! Kamu telah merosakkan keadilan cukup lama, kamu telah membiarkan orang jahat terlepas daripada hukuman bunuh. Kamu di sini untuk membela mereka yang tidak berdaya, untuk memastikan mereka yang tidak diutamakan mendapat tempat yang adil; Tugas kamu adalah untuk membela mereka yang tidak berdaya, dan mendakwa semua mereka yang mengeksploitasi mereka."
5 Hakim yang jahil! Hakim yang bodoh!
Mereka langsung tidak tahu apa yang sedang berlaku. Dan kini semuanya hancur, dunia semakin runtuh.
6-7 "Aku telah melantik kamu semua menjadi hakim, setiap seorang daripada kamu,
wakil Tuhan Yang Maha Tinggi, tetapi kamu telah mengkhianati tugas kamu dan sekarang pangkat kamu telah dilucutkan, disingkirkan."

[8] Ya Tuhan, berikanlah kepada mereka apa yang mereka miliki!
Seluruh dunia berada di tangan-Mu!

6 pagi Tuhan, biarlah orang fasik jatuh ke dalam lubang yang mereka gali dan biarkan sistem pemangsa runtuh di bawah tipu daya mereka sendiri.

9 pagi Tebuslah jiwa orang miskin, yang terdedah, dan yang tidak bersuara daripada penipuan dan keganasan.

12 tengah hari Setiap jentera ketidakadilan yang memakan darah orang yang tidak bersalah, dihakimi oleh Tuhan yang adil.

3 petang Biarkan pemerdagang manusia, konspirator ganas, dan penindas institusi kehilangan rangkaian, pembiayaan dan perlindungan mereka.

6 petang Aku menitahkan bahawa darah orang yang tidak bersalah tidak lagi murah di tanah kita.

9 malam Bapa, bangkitkan hakim, penyiasat, penyokong, dan reformis yang soleh yang tidak akan tunduk kepada tekanan.

12 tengah malam Biarkan bukti tersembunyi muncul dan biarkan kebenaran menerobos setiap kepalsuan yang direkayasa.

3 pagi Ya Tuhan keadilan, bangkitlah bagi mereka yang tertindas dan tunjukkan kuasa-Mu di pengadilan dan majlis bangsa-bangsa.

Hari 17 - Gunung Pendidikan: Kebenaran dan Kebijaksanaan

Kitab Suci: Daniel 1:9-21: Yakobus 1:5

Daniel 1:9-21
Versi Raja James Baharu
9 Allah telah membuat Daniel mendapat kasih sayang dan
perhatian daripada kepala sida-sida itu. 10 Lalu berkatalah kepala sida-
sida itu kepada Daniel: "Aku takut kepada tuanku raja, yang
telah menentukan makanan dan minumanmu. Mengapa ia
harus melihat wajahmu lebih buruk daripada orang-orang
muda yang *seusia* denganmu? Jika demikian, kamu akan
membahayakan kepalaku di hadapan raja."
11 Maka berkatalah Daniel kepada [b] pengurus rumah tangga
yang diangkat oleh kepala sida-sida untuk mengawasi Daniel,
Hananya, Misael , dan Azariah, 12 "Ujilah hamba-hambamu ini
selama sepuluh hari, dan biarlah mereka memberi kami sayur-
sayuran untuk dimakan dan air untuk diminum. 13 Kemudian
biarlah para hadirin memeriksa rupa kami di hadapan tuanku
dan rupa para pemuda yang makan dari makanan raja; dan
lakukanlah kepada hamba-hambamu ini seperti yang tuanku
anggap baik." *14* Maka ia bersetuju dengan mereka dalam
perkara itu dan menguji mereka selama sepuluh hari.
15 Dan setelah sepuluh hari berlalu, raut wajah mereka
kelihatan lebih baik dan lebih gemuk daripada semua pemuda
yang makan hidangan raja. 16 Maka [c] pengurus rumah tangga
itu mengambil hidangan mereka yang lazat dan wain yang
harus mereka minum, lalu memberi mereka sayur-sayuran.
17 Keempat orang muda ini dikaruniai Allah pengetahuan dan
kepandaian dalam segala tulisan dan hikmat; dan Daniel juga
mempunyai pengertian dalam segala penglihatan dan mimpi.
18 Setelah beberapa hari berlalu, setelah raja memerintahkan
agar mereka dibawa masuk, kepala pegawai istana membawa

mereka menghadap Nebukadnezar. [19] Kemudian raja bertanya kepada
mereka, dan di antara mereka semua tidak ada yang seperti
Daniel, Hananya, Misael , dan Azariah; oleh itu mereka
melayani raja. [20] Dalam segala hal yang berkaitan dengan
hikmat *dan* pengertian, yang diperiksa oleh raja, didapatinya
mereka sepuluh kali lebih baik daripada semua ahli sihir *dan*
ahli nujum *di* seluruh kerajaannya. [21] Demikianlah Daniel
hidup sampai tahun pertama pemerintahan Raja Kores.

Yakobus 1:5
Versi Raja James Baharu
[5] Jika ada di antara kamu yang kekurangan hikmat, hendaklah ia memintanya kepada Allah, yang memberikan kepada semua orang dengan murah hati dan tanpa membangkit-bangkit, maka hal itu akan diberikan kepadanya.

Daniel 1:9-21
Mesej itu
[8-10] Tetapi Daniel bertekad untuk tidak menajiskan dirinya dengan makan makanan raja atau minum wainnya, lalu dia meminta ketua pegawai istana untuk mengecualikannya daripada makanan diraja. Ketua pegawai istana, dengan rahmat Tuhan, menyukai Daniel, tetapi dia memberi amaran kepadanya, "Aku takut akan apa yang akan dilakukan oleh tuanku raja. Dialah yang menetapkan makanan ini dan jika dia melihat bahawa tuanku tidak sihat seperti yang lain, dia akan mengambil kepalaku!"
[11-13] Tetapi Daniel merayu kepada seorang pengurus istana yang telah ditugaskan oleh ketua pegawai istana untuk menjaga Daniel, Hananya, Misael , dan Azariah, katanya, "Cobalah kami makan sayur-sayuran dan air selama sepuluh hari. Kemudian bandingkan kami dengan orang-orang muda yang makan dari santapan diraja. Buatlah keputusan berdasarkan apa yang kamu lihat."
[14-16] Pengurus rumah itu bersetuju dan memberi mereka sayur-sayuran dan air selama sepuluh hari. Selepas sepuluh hari, mereka kelihatan lebih sihat dan lebih tegap daripada semua

orang lain yang makan dari hidangan diraja. Jadi pengurus rumah itu terus mengecualikan mereka daripada hidangan diraja, iaitu makanan dan minuman, dan hanya menghidangkan sayur-sayuran kepada mereka.
17-19 Tuhan memberikan keempat-empat pemuda ini pengetahuan dan kemahiran dalam buku dan kehidupan. Selain itu, Daniel juga berbakat dalam memahami pelbagai penglihatan dan mimpi. Pada akhir masa yang ditetapkan oleh raja untuk latihan mereka, ketua pegawai kerajaan membawa mereka menghadap Nebukadnezar. Apabila raja menemu bual mereka, baginda mendapati mereka jauh lebih unggul daripada semua pemuda lain. Tiada seorang pun yang setanding dengan Daniel, Hananya, Misael , dan Azariah.
19-20 Maka mereka mengambil tempat dalam khidmat raja. Setiap kali raja berunding dengan mereka tentang apa sahaja, sama ada tentang buku atau tentang kehidupan, baginda mendapati mereka sepuluh kali lebih baik daripada semua ahli sihir dan ahli jampi di kerajaannya.
21 Daniel terus berkhidmat kepada raja sehingga tahun pertama pemerintahan Raja Kores.

Yakobus 1:5-8
Mesej itu
5-8 Jika kamu tidak tahu apa yang kamu lakukan, berdoalah kepada Bapa. Dia suka membantu. Kamu akan mendapat pertolongan-Nya, dan tidak akan direndahkan apabila kamu memintanya. Mintalah dengan berani, dengan percaya, tanpa berfikir panjang. Orang yang "khuatir akan doa mereka" adalah seperti ombak yang ditiup angin. Jangan fikir kamu akan mendapat apa-apa daripada Tuan dengan cara itu, hanyut di laut, membiarkan semua pilihan kamu terbuka.

6 pagi Bapa, biarlah takut akan Tuhan menjadi asas pembelajaran di sekolah, universiti, dan pusat latihan.

9 pagi Saya menolak sistem indoktrinasi yang berperang menentang kebenaran, identiti, moral, dan ilmu tentang Tuhan.

12 tengah hari Didik Daniels dan Esthers dengan kebijaksanaan, kecemerlangan, dan keyakinan yang tidak berkompromi dalam bidang akademik.

3 petang Setiap kurikulum yang dibiakkan untuk menormalkan kegelapan dan kekeliruan, berhadapan dengan kebenaran dan tentangan yang benar.

6 petang Tuhan, urapilah guru, pensyarah, penyelidik dan pentadbir yang akan memelihara pengaruh dengan integriti.

9 malam saya menitahkan kebangkitan semula pembelajaran yang kukuh, pemikiran berdisiplin, dan kebijaksanaan rohani dalam kalangan pelajar.

12 tengah malam Biarlah kampus menjadi pusat kebangkitan, pertaubatan, dan pembaharuan intelektual di bawah Kristus.

3 pagi Ayah, tawan gunung pendidikan dan ubahlah dari penipuan kepada pembentukan dalam kebenaran.

Hari 18 - Gunung Pendidikan: Perisikan Perjanjian

Kitab Suci: Yesaya 54:13; Ulangan 6:7;

Yesaya 54:13
Versi Raja James Baharu
13 Semua anakmu *akan* diajar oleh Tuhan,
dan besarlah *kedamaian* anak-anakmu.

Ulangan 6:7
Versi Raja James Baharu
7 Haruslah engkau mengajarkannya dengan teliti kepada anak-anakmu dan membicarakannya apabila engkau duduk di rumahmu, apabila engkau sedang dalam perjalanan, apabila engkau berbaring dan apabila engkau bangun.

Yesaya 54:13-17
Mesej itu
11-17 "Hai kota yang menderita, dilanda ribut, tidak berbelas kasihan:
Aku akan membangun kembali engkau dengan batu-batu biru pirus, Letakkan dasarmu dengan batu nilam, bangun menaramu dengan batu delima, pintu gerbangmu dengan permata, dan semua tembokmu dengan batu permata. Semua anakmu akan menjadikan Tuhan sebagai guru mereka—sungguh seorang mentor bagi anak-anakmu! Kamu akan dibina dengan kukuh, berlandaskan kebenaran, jauh dari sebarang masalah—tiada yang perlu ditakuti! jauh dari keganasan—ia tidak akan mendekati! Jika sesiapa menyerangmu, janganlah sesekali menganggap bahawa Akulah yang mengutus mereka, Dan jika sesiapa menyerang, tiada apa yang akan berlaku.

Aku menciptakan tukang besi
yang menyalakan bengkelnya dan membuat senjata yang direka untuk membunuh. Aku juga menciptakan pemusnah—tetapi tiada senjata yang boleh menyakitimu yang pernah ditempa. Mana-mana penuduh yang membawamu ke mahkamah akan dianggap sebagai pembohong. Inilah yang boleh diharapkan oleh hamba-hamba Tuhan. Aku akan memastikan semuanya berjalan lancar." Keputusan Tuhan.

Ulangan 6:7-9
Mesej itu
6-9 Tuliskanlah perintah-perintah yang telah Kuberikan kepadamu hari ini di dalam hatimu. Tanamkanlah di dalam hatimu dan kemudian tanamkanlah di dalam hati anak-anakmu. Bicarakanlah di mana sahaja kamu berada, duduk di rumah atau berjalan di jalan, bicarakanlah dari waktu kamu bangun pagi sampai ketika kamu tidur pada waktu malam. Ikatkanlah di tangan dan dahimu sebagai peringatan; tuliskanlah di tiang pintu rumahmu dan di pintu gerbang kotamu.

6 pagi Tuhan, biarlah cahaya-Mu terbit ke atas para pelajar dan pemikir sehingga kecemerlangan menjadi kesaksian hikmat ilahi.

9 pagi saya memohon kebijaksanaan tanpa cela untuk setiap orang percaya yang berada dalam bidang akademik, dasar dan penyelidikan.

12 tengah hari Setiap tabir yang menyelubungi minda, diangkatlah; setiap penawanan intelektual yang menentang kebenaran, dihancurkan.

3 petang Biarlah inovasi, penemuan, dan wawasan mengalir kepada orang-orang kudus untuk transformasi masyarakat dan kesaksian kerajaan.

6 petang Bapa, kurniakanlah anak-anak dan pemimpin kami pemahaman yang tinggi disertai dengan kerendahan hati dan kesucian.

9 malam Saya menitahkan bahawa kekeliruan, keadaan biasa-biasa sahaja, dan kemerosotan pendidikan tidak akan mendefinisikan generasi ini.

12 tengah malam Biarlah perpustakaan, makmal, dan dewan kuliah menjadi medan untuk pertemuan ilahi dan pengaruh yang benar.

Jam 3 pagi Ya Tuhan, lepaskan perisikan perjanjian yang akan menjawab masalah-masalah mendesak dan memuliakan Kristus di antara bangsa-bangsa.

Hari 19 - Gunung Media: Menyucikan Gelombang Udara

Ayat-ayat Alkitab: Filipi 4:8; Matius 12:36-37

Filipi 4:8
Versi Raja James Baharu
Renungkan Perkara-perkara Ini
8 Akhirnya, saudara-saudara, apa sahaja yang benar, apa sahaja yang *mulia* , apa sahaja yang *adil* , apa sahaja yang *suci* , apa sahaja yang *manis* , apa sahaja yang *sedap* didengar, apa sahaja *yang ada* kebajikan dan *apa* sahaja yang patut dipuji, renungkanlah semuanya itu.

Matius 12:36-37
Versi Raja James Baharu
36 Tetapi Aku berkata kepadamu: Setiap perkataan sia-sia yang diucapkan orang akan dipertanggungjawabkan pada hari
penghakiman. 37 Sebab menurut perkataanmu engkau akan
dibenarkan, dan menurut perkataanmu engkau akan dihukum."

Filipi 4:8-9
Mesej itu
8-9 Kesimpulannya, saudara-saudara, saya katakan bahawa yang terbaik adalah dengan mengisi fikiran anda dan merenungkan perkara-perkara yang benar, mulia, bereputasi baik, tulen, menarik, dan menyenangkan—yang terbaik, bukan yang terburuk; yang indah, bukan yang hodoh; yang patut dipuji, bukan yang patut dikutuk. Lakukanlah apa yang telah kamu pelajari daripadaku, apa yang telah kamu dengar, lihat, dan sedari. Lakukanlah itu, dan Allah, yang menjadikan segala sesuatu saling bekerjasama, akan mengerjakan kamu menjadi harmoni yang paling baik.

Matius 12:36-37
Mesej itu
34-37 "Fikiranmu seperti lubang ular! Bagaimana kamu menganggap apa yang kamu katakan itu berharga sedangkan kamu begitu jahat? Hatimulah yang memberi makna kepada kata-katamu, bukan kamus. Orang yang baik menghasilkan perbuatan baik dan kata-kata musim demi musim. Orang yang jahat adalah perosak di kebun buah-buahan. Biar aku beritahu kamu sesuatu: Setiap kata-kata yang cuai ini akan kembali menghantui kamu. Akan ada masa Pembalasan. Kata-kata itu berkuasa; anggaplah dengan serius. Kata-kata boleh menjadi penyelamatmu. Kata-kata juga boleh menjadi kutukanmu."

6 pagi Bapa, sucikan gelombang udara, platform, dan saluran komunikasi yang tercemar oleh pembohongan, rayuan, dan keganasan.

9 pagi saya menahan naratif jahat yang menormalkan kejahatan dan membuat orang tidak peka terhadap dosa.

12 tengah hari Biarlah setiap agenda media yang dijadikan senjata yang dibina menentang kebenaran dan keadilan berselerak.

3 petang Lahirkan wartawan, penyiar, penulis, editor dan pencipta yang takut akan Tuhan dan menghormati kebenaran.

6 petang Saya menitahkan bahawa saksi palsu, laporan yang dimanipulasi, dan propaganda akan didedahkan dan dibatalkan.

9 malam Tuhan, berikanlah umat-Mu kebijaksanaan untuk membezakan apa yang mereka makan, kongsi, kembangkan, dan raikan.

12 tengah malam Biarlah gunung media menjadi saluran kebenaran, keindahan, keberanian, dan kesaksian penebusan.

Jam 3 pagi Ya Tuhan, diamkan lidah dusta dan tegakkan suara-suara yang akan menyembuhkan, menerangi, dan membangunkan bangsa-bangsa.

Hari 20 - Gunung Media: Pemesejan Kerajaan

Ayat-ayat Alkitab: Mazmur 68:11; 2 Tesalonika 3:1

Mazmur 68:11
Versi Raja James Baharu
11 Tuhan telah menyampaikan firman
itu *;* besarlah *rombongan* orang yang mengisytiharkannya.

2 Tesalonika 3:1
Versi Raja James Baharu
Doakan Kami
3 Akhirnya, saudara-saudara, doakanlah kami, supaya firman Tuhan tersebar *dengan pantas* dan dimuliakan, sama seperti *yang berlaku* di antara kamu,

Mazmur 68:11-14
Mesej itu
11-14 Tuhan menyampaikan firman itu;
beribu-ribu orang berseru memberitakan berita baik: "Raja-raja tentera sedang melarikan diri, sedang melarikan diri!" Sementara para suri rumah, yang selamat dan sihat di rumah, membahagikan rampasan, iaitu rampasan perak dan emas Kanaan. Pada hari Yang Maha Kuasa mencerai-beraikan raja-raja, salji turun di Gunung Hitam.

2 Tesalonika 3:1-3
Mesej itu
Mereka yang Malas
3 1-3 Satu lagi perkara, kawan-kawan: Doakan kami. Berdoalah agar Firman Tuhan akan tersebar luas ke seluruh negara dan mendapat sambutan yang meluas, seperti yang berlaku di antara kamu. Dan berdoalah agar kita diselamatkan daripada

para pembuat masalah ini yang cuba mengganggu kita. Saya dapati bahawa tidak semua "orang percaya" adalah orang percaya. Tetapi Tuhan tidak pernah mengecewakan kita. Dia akan tetap bersama anda dan melindungi anda daripada kejahatan.

6 pagi Tuhan, lepaskan firman Tuhan dengan kuasa dan berikanlah kepada umat-Mu bahasa kemenangan.

9 pagi Biarlah utusan kebenaran dikuatkan untuk menyebarkan kebenaran di setiap platform yang ada.

12 tengah hari Aku menitahkan bahawa injil akan disebarkan dengan pantas melalui saluran digital, cetak, visual dan lisan.

3 petang Setiap penentangan algoritma terhadap kebenaran dan setiap berat sebelah tersembunyi terhadap kebenaran, akan dibatalkan oleh Tuhan.

6 petang Bapa, berikanlah kami komunikasi strategik yang menembusi penipuan dan mencapai hati dengan tepat.

9 malam Biarlah kesaksian, doktrin, kesaksian kenabian, dan kejelasan alkitabiah mendapat daya tarikan yang luar biasa pada musim ini.

12 pagi saya menyeru komunikator yang kreatif, berdisiplin dan berani yang tidak akan tunduk kepada semangat zaman.

Jam 3 pagi Ya Tuhan, milikilah gunung media dan jadikanlah ia melayani kebangkitan, keadilan, dan kemajuan kerajaan Kristus.

Hari 21 - Gunung Perniagaan: Kekayaan dengan Tujuan

Kitab Suci: Ulangan 8:18; Ulangan 32:13

Ulangan 8:18
Versi Raja James Baharu
18 " Dan engkau harus ingat kepada TUHAN, Allahmu, sebab
Dialah yang memberikan kepadamu kuasa untuk memperoleh
kekayaan, supaya Dia meneguhkan perjanjian yang telah diikrarkan-Nya
kepada nenek moyangmu, seperti *yang ada* sekarang ini.

Ulangan 32:13
Versi Raja James Baharu
13 "Dia membuat dia menunggang kuda di tempat-tempat
tinggi di bumi,
supaya dia dapat makan hasil ladang; Dia membuat dia
menarik madu dari batu karang, dan minyak dari batu karang
yang keras;

Ulangan 8:18
Mesej itu
17-18 Jika kamu mula berfikir, "Aku melakukan semua ini. Dan
semuanya seorang diri. Aku kaya. Semuanya milikku!"—
baiklah, fikirkanlah semula. Ingatlah bahawa Tuhan, Allahmu,
telah memberi kamu kekuatan untuk menghasilkan segala
kekayaan ini supaya kamu dapat meneguhkan perjanjian yang
dijanjikan-Nya kepada nenek moyangmu—seperti yang
berlaku hari ini.

Ulangan 32:13-14
Mesej itu
10-14 Dia menemuinya di padang gurun,
di tanah tandus yang kosong dan ditiup angin. Dia

memeluknya, melimpahkan perhatian kepadanya, menjaganya seperti biji mata-Nya. Dia seperti helang yang melayang di atas sarangnya, menaungi anak-anaknya,
Kemudian mengembangkan sayapnya, mengangkatnya ke udara,
mengajar mereka terbang. Tuhan sendiri memimpinnya; tidak ada tuhan asing yang kelihatan. Tuhan mengangkatnya ke puncak bukit, supaya dia dapat menikmati hasil tanaman di ladang. Dia memberinya makan madu dari batu, minyak dari tebing granit, dadih lembu dan susu biri-biri, potongan anak domba dan kambing pilihan, domba jantan Basan yang baik, gandum yang berkualiti tinggi, dan darah anggur: kamu minum wain yang baik!

6 pagi Bapa, ingatlah perjanjian-Mu dan kuasailah umat-Mu untuk mencipta kekayaan bagi tujuan kerajaan-Mu.

Jam 9 pagi aku memerintahkan sumber-sumber yang terpendam, peluang yang diabaikan, dan pintu-pintu peningkatan yang sah untuk dibukakan oleh perkenan ilahi.

12 tengah hari Setiap pelahap yang ditugaskan untuk menentang usaha yang benar, ditegurlah dalam nama Yesus.

3 petang Biarlah khazanah tempat tinggi dan perbekalan bumi yang tersembunyi dilepaskan untuk tugasan kerajaan.

6 petang Tuhan, singkirkan ketamakan, penipuan, kompromi, dan eksploitasi dari lubuk perniagaan.

9 malam Saya menitahkan bahawa orang yang beriman dalam perdagangan akan makmur dalam kebenaran, kemurahan hati, dan pengawasan strategik.

12 tengah malam Biarlah perniagaan yang selaras dengan syurga bangkit, stabil, berkembang biak, dan menjadi saluran pekerjaan dan rahmat.

3 pagi Ya Tuhan, pindahkan sumber daripada perhambaan kepada tujuan dan jadikan kekayaan menjawab agenda-Mu.

Hari 22 - Business Mountain: Talian Bekalan Yang Diurapi

Ayat-ayat suci: Yeremia 31:11-14; Ayub 29:6

Yeremia 31:11-14
Versi Raja James Baharu
11 Kerana Tuhan telah menebus Yakub,
dan membebaskannya dari tangan orang yang lebih kuat daripadanya.
12 Oleh itu mereka akan datang dan bersorak-sorai di bukit Sion,
berduyun-duyun kepada kebaikan Tuhan—untuk gandum, anggur baru dan minyak, untuk anak-anak kambing domba dan lembu sapi; jiwa mereka akan seperti taman yang disiram dengan baik, dan mereka tidak akan berdukacita lagi.
13 "Pada masa itu, anak dara akan bersukacita dalam tarian, orang-orang muda dan orang-orang tua bersama-sama; sebab Aku akan mengubah ratapan mereka menjadi sukacita, akan menghibur mereka, dan membuat mereka bersukacita dan bukannya dukacita.
14 **Aku** akan memuaskan jiwa para imam dengan kelimpahan,
dan umat-Ku akan dipuaskan dengan kebaikan-Ku,
demikianlah firman TUHAN."

Ayub 29:6
Versi Raja James Baharu
6 Ketika langkahku dimandikan dengan krim, dan batu karang mengalirkan sungai minyak untukku!

Yeremia 31:11-14
Mesej itu
10-14 "Dengarlah ini, hai bangsa-bangsa! Pesan Tuhan!
Sebarkanlah ini ke seluruh dunia! Beritahulah mereka, 'Dia

yang telah menyerakkan Israel
akan mengumpulkan mereka kembali.
Mulai sekarang Dia akan mengawasi mereka dengan teliti, seperti gembala dengan kawanan dombanya.' Aku, Tuhan, akan membayar harga tebusan yang tinggi untuk Yakub; Aku akan membebaskannya dari cengkaman penindas Babilon. Orang-orang akan mendaki lereng Sion dengan bersorak-sorai dengan sukacita, wajah mereka berseri-seri kerana kemurahan Tuhan—Bijirin, wain dan minyak, kawanan biri-biri, kawanan lembu. Kehidupan mereka akan seperti taman yang disiram dengan baik, tidak akan dibiarkan kering lagi. Wanita-wanita muda akan menari dan bergembira, orang muda dan orang tua akan turut serta. Aku akan mengubah tangisan mereka menjadi tawa, melimpahi penghiburan, menyelubungi kesedihan mereka dengan sukacita. Aku akan memastikan bahawa imam-imam mereka mendapat tiga hidangan sehari dan umat-Ku mendapat lebih daripada cukup.'" Perintah Tuhan.

Ayub 29:6
Mesej itu
Ketika Tuhan Masih Di Sisiku
29 1-6 Ayub menyambung semula jawapannya:
"Oh, betapa aku merindui hari-hari indah yang lalu, ketika Tuhan menjagaku dengan sangat baik. Dia selalu memegang pelita di hadapanku dan aku berjalan melalui kegelapan dengan cahayanya. Oh, betapa aku merindui tahun-tahun keemasan ketika persahabatan Tuhan menghiasi rumahku, ketika Yang Maha Kuasa masih di sisiku dan anak-anakku ada di sekelilingku, ketika semuanya berjalan sesuai keinginanku, dan tiada apa yang terasa terlalu sukar.

6 pagi Tuhan, tebuslah dan penuhilah umat-Mu dan puaskanlah mereka dengan kebaikan pada musim kemarau dan ketidakpastian.

Jam 9 pagi saya menitahkan bekalan ghaib ke atas pelayanan, keluarga, misi, dan projek kerajaan.

12 tengah hari Setiap kitaran kehilangan, kebocoran, dan keruntuhan yang hampir menemui kejayaan, diganggu oleh tangan Tuhan.

3 petang Biarlah kelimpahan mengalir di mana kemandulan telah terlalu lama berkata, dan biarlah pekerjaan yang benar menghasilkan ganjaran yang penuh.

6 petang Bapa, wujudkan saluran bekalan yang bersih, perkongsian yang jujur, dan transaksi yang dilindungi untuk umat-Mu.

9 malam aku perintahkan penangguhan di pintu gerbang rezeki untuk memberi laluan kepada pecutan ilahi.

12 tengah malam Biarlah lantai kita melimpah dengan bahan yang mencukupi untuk kemurahan hati, misi, dan perluasan kerajaan.

3 pagi Ya Tuhan, ubahlah kekurangan menjadi kesaksian dan jadikanlah umat-Mu bukti yang nyata tentang bekalan perjanjian.

Hari 23 - Arts Mountain: Kreativiti yang Dikuduskan

Kitab Suci: Keluaran 31:1-5; Mazmur 150:1-6

Keluaran 31:1-5
Versi Raja James Baharu
Tukang-tukang untuk Membina Khemah Suci
31 Kemudian Tuhan berfirman kepada Musa: 2 "Lihatlah, Aku
telah memanggil Bezaleel bin Uri bin Hur , dari suku Yehuda.
3 Dan Aku telah memenuhinya dengan Roh Allah, dengan
hikmat, pengertian, pengetahuan, dan dalam segala *macam*
pekerjaan tangan, 4 untuk mereka bentuk karya seni, untuk
mengerjakan emas, perak, dan gangsa, 5 untuk mengukir
permata untuk ditatah, untuk mengukir kayu, dan untuk
mengerjakan segala *macam* pekerjaan tangan.

Mazmur 150
Versi Raja James Baharu
Biarlah Segalanya Memuji Tuhan
150 Pujilah Tuhan !
Pujilah Tuhan di tempat kudus-Nya;
Pujilah Dia di cakrawala- Nya yang perkasa !
2 Pujilah Dia atas perbuatan-perbuatan-Nya yang perkasa,
pujilah Dia menurut kebesaran-Nya yang agung!
3 Pujilah Dia dengan bunyi trompet ;
Pujilah Dia dengan kecapi dan harpa!
4 Pujilah Dia dengan rebana dan tarian; Pujilah Dia dengan alat
musik bertali dan seruling!
5 Pujilah Dia dengan simbal yang nyaring;
Pujilah Dia dengan simbal yang berdenting!
6 Biarlah segala yang bernafas memuji Tuhan.
[d] Puji Tuhan!

Keluaran 31:1-5
Mesej itu
Bezaleel dan Aholiab
31 1-5 Tuhan berfirman kepada Musa: "Lihatlah apa yang telah Kulakukan. Aku sendiri telah memilih Bezaleel bin Uri bin Hur dari suku Yehuda. Aku telah memenuhinya dengan Roh Allah, memberikannya keahlian, pengetahuan, dan keahlian dalam segala macam pekerjaan untuk membuat rancangan dan mengerjakan emas, perak, dan gangsa; untuk mengukir dan memasang batu permata; untuk mengukir kayu—dia seorang tukang yang serba boleh.

Mazmur 150
Mesej itu
150 1-6 Haleluya!
Pujilah Tuhan di rumah ibadat-Nya yang kudus, pujilah Dia di bawah langit terbuka; Pujilah Dia atas perbuatan-perbuatan-Nya yang penuh kuasa, pujilah Dia atas kebesaran-Nya yang agung; Pujilah dengan tiupan sangkakala, pujilah dengan memetik tali yang lembut; Pujilah Dia dengan kastanet dan tarian, pujilah Dia dengan banjo dan seruling; Pujilah Dia dengan simbal dan gendang bes yang besar, pujilah Dia dengan biola dan mandolin. Biarlah setiap makhluk yang hidup dan bernafas memuji Tuhan! Haleluya!

6 pagi Bapa, peroleh kembali kreativiti, kesenian, dan imaginasi untuk kemuliaan-Mu dan bukan untuk pemberontakan.

9 pagi saya memecahkan pengaruh kegelapan yang menggoda terhadap muzik, filem, fesyen, penceritaan dan persembahan.

12 tengah hari Lahirkan seniman-seniman yang suci yang dipenuhi dengan kemahiran, kebijaksanaan, keindahan, dan keberanian yang suci.

3 petang Setiap mezbah yang menggunakan kreativiti untuk memuliakan kemungkaran, keganasan, dan penyembahan berhala, akan digulingkan.

6 petang Tuhan, biarlah lagu, imej, cerita, dan persembahan menjadi pembawa kebenaran dan keyakinan.

9 malam saya menitahkan bahawa gunung seni tidak lagi akan diserahkan kepada musuh.

12 tengah malam Biarlah para penyembah, penulis, pereka, pelakon dan pemuzik bertemu Tuhan secara mendalam dan mencipta daripada limpahan.

3 pagi Ya Tuhan, lepaskan keindahan yang dikahwinkan dengan kebenaran dan kecemerlangan yang dikahwinkan dengan kekudusan dalam lingkungan kreatif.

Hari 24 - Arts Mountain: Penebusan Budaya

Ayat-ayat Alkitab: Yesaya Wahyu 21:24-26; Kejadian 1:26-27; Mazmur 96:1-3

Wahyu 21:24-26
Versi Raja James Baharu
24 Dan bangsa-bangsa [a] yang diselamatkan akan berjalan
dalam cahayanya, dan raja-raja bumi membawa kemuliaan dan
kehormatan mereka [b] ke dalamnya. 25 Pintu-pintu
gerbangnya tidak akan ditutup sama sekali pada siang hari
(tidak akan ada malam di sana). 26 Dan mereka akan membawa
kemuliaan dan kehormatan bangsa-bangsa ke dalamnya [c].

Kejadian 1:26-27
Versi Raja James Baharu
26 Berfirmanlah Allah: "Baiklah Kita menjadikan manusia
menurut gambar dan rupa Kita, supaya mereka berkuasa atas
ikan-ikan di laut, burung-burung di udara, ternak, seluruh
bumi dan atas segala binatang melata yang merayap di bumi."
27 Maka Allah menciptakan manusia itu menurut gambar-Nya , menurut
gambar Allah diciptakan-Nya dia; laki-laki dan perempuan
diciptakan-Nya mereka.

Mazmur 96:1-3
Versi Raja James Baharu
Nyanyian Pujian kepada Tuhan yang Akan Datang dalam Penghakiman
96 Nyanyikanlah lagu baru bagi TUHAN
, hai seluruh bumi!
2 Nyanyikanlah bagi TUHAN, pujilah nama-Nya,
berisytiharkanlah kabar baik tentang keselamatan-Nya dari
hari ke hari.

[3] Ceritakanlah kemuliaan-Nya di antara bangsa-bangsa, dan keajaiban-keajaiban-Nya di antara segala suku bangsa.

Wahyu 21:24-27
Mesej itu
15-21 Malaikat yang berkata-kata dengan aku itu mempunyai kayu pengukur emas untuk mengukur Kota itu , pintu gerbangnya, dan temboknya. Kota itu berbentuk segi empat sama. Dia mengukur Kota itu dengan kayu pengukur: seribu lima ratus batu, panjang, lebar, dan tingginya semuanya sama. Dengan menggunakan ukuran standard, Malaikat itu mengukur ketebalan temboknya: tujuh puluh dua hasta. Tembok itu diperbuat daripada yaspis, warna Kemuliaan, dan Kota itu diperbuat daripada emas tulen, lut sinar seperti kaca. Asas tembok Kota itu dihiasi dengan setiap permata berharga yang dapat dibayangkan: asas pertama yaspis, asas kedua nilam, asas ketiga akik, asas keempat zamrud, asas kelima oniks, asas keenam krisolit, asas ketujuh krisolit, asas kelapan beril, asas kesembilan topas, asas kesepuluh krisopras, asas kesebelas yasint, asas kedua belas kecubung. Dua belas pintu gerbang itu terdiri daripada dua belas mutiara, setiap pintu gerbang terdiri daripada satu mutiara.
21-27 Jalan utama Kota itu diperbuat daripada emas tulen, lut sinar seperti kaca. Tetapi tiada tanda-tanda Bait Suci, kerana Tuhan Allah—Yang Maha Kuat—dan Anak Domba itulah Bait Suci. Kota itu tidak memerlukan matahari atau bulan untuk menerangi. Kemuliaan Tuhan adalah cahayanya, Anak Domba adalah pelitanya! Bangsa-bangsa akan berjalan dalam cahayanya dan raja-raja bumi akan membawa masuk kemegahan mereka. Pintu-pintu gerbangnya tidak akan ditutup pada siang hari, dan tidak akan ada malam. Mereka akan membawa kemuliaan dan kehormatan bangsa-bangsa ke dalam Kota itu . Tiada apa-apa yang kotor atau najis akan masuk ke dalam Kota itu , dan tiada sesiapa yang mencemarkan atau menipu. Hanya mereka yang namanya tertulis dalam Kitab Kehidupan Anak Domba akan masuk.

Kejadian 1:26-28
Mesej itu
26-28 Berfirmanlah Tuhan: "Baiklah Kita menjadikan manusia menurut gambar dan rupa Kita, supaya mereka mencerminkan sifat Kita, supaya mereka bertanggungjawab atas ikan-ikan di laut, burung-burung di udara, ternak, dan bumi sendiri, dan segala binatang yang merayap di muka bumi."
Tuhan menciptakan manusia;
Dia menciptakan mereka seperti Allah, Mencerminkan sifat Tuhan. Dia menciptakan mereka laki-laki dan perempuan.
Tuhan memberkati mereka: " Berkembang biaklah! Berkembang biaklah! Penuhilah bumi! Berkuasalah! Bertanggungjawablah atas ikan-ikan di laut dan burung-burung di udara, atas segala makhluk hidup yang merayap di muka bumi."

Mazmur 96:1-3
Mesej itu
96 1-2 Nyanyikan lagu baharu kepada Tuhan!
Bumi dan seluruh isinya, bernyanyilah! Bernyanyilah untuk Tuhan— *sembahlah* Tuhan!
2-3 Serukanlah berita kemenangan-Nya dari laut ke laut,
Bawalah berita kemuliaan-Nya kepada yang sesat, Berita keajaiban-Nya kepada semua orang!

6 pagi Tuhan, biarlah kekayaan, perhatian, dan pengaruh budaya dialihkan kepada apa yang memuliakan-Mu.

9 pagi aku menyerukan bunyi baharu dan saksi baharu yang mengisytiharkan kemuliaan-Mu di antara bangsa-bangsa.

12 tengah hari Setiap tawanan budaya yang menormalkan kegelapan, pecahlah sekarang di bawah kuasa unggul kerajaan Tuhan.

3 petang Biar pencipta yang mempunyai keyakinan kerajaan menduduki pentas, studio, galeri dan teater dengan penuh autoriti.

6 petang Ayah, tebuslah citarasa awam, imaginasi kolektif, dan selera nasional daripada rasuah.

9 malam Aku menitahkan bahawa keindahan tidak akan lagi dipisahkan daripada kebenaran dan kreativiti tidak akan lagi dipisahkan daripada hati nurani.

12 pagi Biarlah seni menjadi medan pertemuan ilahi di mana orang-orang yang hilang berpaling dan para pencari memandang kemuliaan-Mu.

Jam 3 pagi Ya Tuhan, serbulah budaya dengan kecemerlangan suci dan buatlah bangsa-bangsa mendengar bunyi kebangkitan.

Hari 25 - Agama dan Gereja: Api Kebangkitan

Ayat-ayat Alkitab: 2 Tawarikh 7:14; Roma 15:30-32

2 Tawarikh 7:14
Versi Raja James Baharu
14 dan umat-Ku yang atasnya nama-Ku disebut merendahkan diri, berdoa dan mencari wajah-Ku, lalu berbalik dari jalan jahat mereka, maka Aku akan mendengar dari sorga dan mengampuni dosa mereka serta menyembuhkan negeri mereka.

Roma 15:30-32
Versi Raja James Baharu
30 Saudara-saudara, aku menggesa kamu, demi Tuhan Yesus Kristus, dan demi kasih Roh Kudus, supaya kamu berjuang bersama-sama dengan aku dalam doa kepada Tuhan untuk
aku, 31 supaya aku dilepaskan daripada orang-orang di Yudea yang tidak percaya, dan supaya pelayananku untuk Yerusalem
diterima oleh orang-orang kudus, 32 supaya aku datang kepadamu dengan sukacita oleh kehendak Tuhan, dan supaya aku disegarkan bersama-sama dengan kamu.

2 Tawarikh 7:14-18
Mesej itu
12-18 Tuhan menampakkan diri kepada Salomo pada malam itu juga dan berfirman, "Aku menerima doamu; ya, Aku telah memilih tempat ini sebagai bait suci untuk pengorbanan, rumah ibadat. Jika Aku mematikan bekalan hujan dari langit atau memerintahkan belalang untuk memakan hasil tanaman atau mengirimkan wabak ke atas umat-Ku, dan umat-Ku, umat yang ditentukan Tuhan-Ku, menjawab dengan merendahkan diri, berdoa, mencari hadirat-Ku, dan berpaling

daripada kehidupan jahat mereka, Aku akan berada di sana bersedia untukmu: Aku akan mendengar dari syurga, mengampuni dosa mereka, dan memulihkan tanah mereka. Mulai sekarang Aku berjaga siang dan malam terhadap doa yang dipanjatkan di tempat ini. Percayalah kepada-Ku, Aku telah memilih dan menguduskan Rumah Suci yang telah kaubina ini: Nama-Ku tertera di atasnya selama-lamanya; mata-Ku tertuju padanya dan hati-Ku di dalamnya sentiasa. Mengenai engkau, jika engkau hidup di hadirat-Ku seperti Daud, ayahmu, suci hati dan tindakannya, menjalani kehidupan yang telah Kutetapkan untukmu, taat kepada tuntunan dan peraturan-Ku, maka Aku akan menyokong pemerintahan rajamu atas Israel—menjadikannya sesuatu yang pasti pada suatu hari nanti. dasar yang teguh. Jaminan perjanjian yang sama yang telah Kuberikan kepada Daud, ayahmu, Aku berikan kepadamu, iaitu, 'Engkau boleh bergantung pada keturunanmu untuk selama-lamanya menduduki takhta Israel.'

Roma 15:30-33
Mesej itu
30-33 Aku ada satu permintaan, wahai sahabat-sahabatku yang dikasihi: Doakanlah aku. Berdoalah dengan tekun bersama dan untuk aku—kepada Tuhan Bapa, melalui kuasa Tuhan kita Yesus, melalui kasih Roh—supaya aku dibebaskan dari sarang singa orang yang tidak percaya di Yudea. Berdoalah juga agar sumbangan bantuanku kepada orang percaya di Yerusalem diterima dalam roh yang diberikannya. Kemudian, jika Tuhan menghendaki, aku akan pergi kepadamu dengan hati yang ringan dan bersemangat, sambil menantikan kesegaran bersamamu. Semoga damai sejahtera Tuhan menyertai kamu semua. Oh, ya!

6 pagi Bapa, kembalikan Gereja-Mu kepada kerendahan hati, pertobatan, dan doa perjanjian.

9 pagi saya berusaha bersama-sama dalam doa bersama orang-orang kudus untuk kebangkitan, kesucian, dan pencurahan Roh Kudus yang segar.

12 tengah hari Biarlah jemaah yang terlena bangun dan biarlah altar-altar kering menyala semula.

3 petang Setiap tentangan terhadap kebangkitan semula yang berakar umbi dalam keangkuhan, tradisi, dan dosa tersembunyi, akan dipatahkan.

6 petang Tuhan, kunjungilah denominasi, persekutuan, pelayanan, dan rangkaian doa dengan api penyucian.

9 malam saya menitahkan pembaptisan baharu yang penuh dengan kelaparan akan firman, ibadah, kekudusan, dan beban penginjilan.

12 tengah malam Biarlah mukjizat, keyakinan, perdamaian, dan pembebasan kembali menjadi pusat kehidupan gereja.

3 pagi Ya Tuhan, hidupkan semula karya-Mu di tengah-tengah tahun-tahun ini dan biarkan Gereja menjadi kuasa transformasi sekali lagi.

Hari 26 - Agama dan Gereja: Perlindungan Sisa-sisa

Ayat-ayat Alkitab: Mazmur 92:8,14; Matius 26:41

Mazmur 92:8
Versi Raja James Baharu
8 Tetapi Engkau, ya Tuhan, *berada* di tempat yang tinggi untuk selama-lamanya.

Mazmur 92:14
Versi Raja James Baharu
14 Mereka akan tetap berbuah pada masa tua , mereka akan segar dan subur .

Matius 26:41
Versi Raja James Baharu
41 Berjaga-jagalah dan berdoalah, supaya kamu jangan jatuh ke dalam pencobaan. Roh memang *penurut* , tetapi daging *lemah* .

Mazmur 92:8-9
Mesej itu
4-9 Engkau membuat aku sangat gembira, ya Tuhan.
Aku melihat pekerjaan-Mu dan aku bersorak-sorai kerana sukacita. Betapa agungnya pekerjaan-Mu, ya Tuhan! Betapa dalamnya pemikiran-Mu! Orang bodoh tidak pernah memperhatikan apa yang Engkau lakukan; orang bodoh tidak pernah memahaminya. Ketika orang jahat muncul seperti lalang dan semua orang jahat menguasai, Engkau menebang mereka, menghabisi mereka untuk selama-lamanya. Engkau, Tuhan, Maha Tinggi dan Abadi. Lihatlah musuh-musuh-Mu, ya Tuhan!

Lihatlah musuh-musuh-Mu—binasa!
Tercerai-berai ke angin, semua orang upahan jahat itu!

Mazmur 92:14
Mesej itu
10-14 Tetapi Engkau telah menjadikan aku kuat seperti banteng yang sedang berlari,
Engkau telah memuliakan aku dengan perarakan perayaan.
Pemandangan pengkritikku yang sedang turun masih segar, kekalahan para pengkritikku yang jahat. Telingaku dipenuhi dengan bunyi janji: " Orang baik akan makmur seperti pokok palma,
Tumbuh tinggi seperti pokok aras Lebanon; ditanam di halaman Tuhan, Mereka akan tumbuh tinggi di hadirat Tuhan, lincah dan hijau, masih gagah pada usia tua."
Matius 26:41
Mesej itu
40-41 Apabila Dia kembali kepada pengikut-pengikut-Nya, Dia mendapati mereka sedang tidur nyenyak. Dia berkata kepada Petrus, "Tidakkah kamu sanggup bersabar walaupun sejam bersama-Ku? Berjaga-jagalah dan berdoalah supaya kamu tidak ke dalam godaan tanpa menyedari bahawa kamu berada dalam bahaya. Ada sebahagian daripada dirimu yang bersemangat dan bersedia untuk apa sahaja dalam Tuhan. Tetapi ada bahagian lain yang malas seperti anjing tua yang tidur di tepi api."

6 pagi Tuhan, peliharalah orang benar dan pastikan yang sisa berbuah, segar, dan berkembang biak pada musim-musim tua dan sukar.

9 pagi saya menerima rahmat untuk berjaga dan berdoa agar godaan tidak menimpa saya atau orang-orang kudus.

12 tengah hari Setiap rancangan jahat terhadap para pendoa syafaat, pemimpin, dan orang percaya yang setia, gagal dalam nama Yesus.

3 petang Biarlah akar orang benar bertapak dalam dan biarlah kesaksian mereka kekal hijau dan hidup.

6 petang Bapa, lindungilah hamba-hamba-Mu daripada skandal, keletihan, kekecewaan, dan serangan hendap rohani.

9 malam Aku menitahkan bahawa sisa-sisa itu tidak akan dipadamkan; ia akan menjadi lebih kuat di bawah tekanan.

12 pagi Biarlah orang-orang setia yang tersembunyi disegarkan oleh syurga dan dikuatkan dengan minyak yang kekal.

3 pagi Ya Tuhan, peliharalah sisa-sisa yang berdoa sehingga kejayaan nasional dan generasi menjelma.

Hari 27 - Gunung Keluarga: Perkahwinan Di Bawah Pengepungan

Ayat Suci: Matius 19:6; Pengkhutbah 4:12

Matius 19:6
Versi Raja James Baharu
6 Jadi mereka bukan lagi dua, tetapi satu daging. Oleh itu, apa yang telah dipersatukan oleh Allah, janganlah manusia memisahkannya."

Pengkhutbah 4:12
Versi Raja James Baharu
12 Walaupun seorang dapat dikalahkan oleh yang lain, dua orang dapat bertahan,
dan tali rangkap tiga tidak mudah putus.

Matius 19:6
Mesej itu
4-6 Dia menjawab, "Tidakkah kamu baca dalam Bible kamu bahawa Pencipta pada mulanya menjadikan lelaki dan perempuan untuk satu sama lain, lelaki dan perempuan? Dan oleh kerana itu, seorang lelaki meninggalkan bapa dan ibunya dan terikat erat dengan isterinya, menjadi satu daging—bukan lagi dua tubuh tetapi satu. Oleh kerana Tuhan menciptakan penyatuan organik kedua-dua jantina ini, tiada siapa yang harus mencemarkan seninya dengan memisahkan mereka."

Pengkhutbah 4:12
Mesej itu
12 Seorang diri, anda tidak dilindungi.
Dengan seorang rakan, anda boleh menghadapi yang paling

teruk. Bolehkah anda mengumpulkan yang ketiga? Tali tiga utas tidak mudah putus.

6 pagi Bapa, apa yang telah Engkau satukan, janganlah biarkan kuasa neraka, daging, atau budaya memecahbelahkan.

9 pagi saya mematahkan semangat perpecahan, pengkhianatan, jarak emosi, dan kesalahan yang tidak terselesaikan yang menyerang perkahwinan.

12 tengah hari Biarlah kasih perjanjian, kebenaran, kesabaran, dan saling menghormati dipulihkan dalam rumah tangga yang tertekan.

3 petang Setiap suara aneh yang bersaing dengan penyatuan ilahi, dibungkamkan oleh otoritas Yesus Kristus.

6 petang Tuhan, pulihkan kepercayaan, perbaiki komunikasi, dan pulihkan perkongsian rohani antara suami isteri.

9 malam Saya menitahkan bahawa perkahwinan hendaklah menjadi altar persetujuan dan enjin takdir, bukan medan perang pembaziran.

12 tengah malam Biarlah setiap rancangan tersembunyi musuh terhadap rumah-rumah perjanjian didedahkan dan dibongkar.

3 pagi Ya Tuhan, kuatkanlah perkahwinan dengan rahmat, kesucian, dan tali tiga rangkap yang tidak dapat diputuskan.

Hari 28 - Gunung Kerajaan: Pintu Gerbang dan Bandar

Ayat-ayat suci: Kejadian 18:16-33; Amsal 29:2

Kejadian 18:16-33
Versi Raja James Baharu
Abraham Bersyafaat untuk Sodom
16 Lalu berangkatlah orang-orang itu dari situ dan memandang
ke arah Sodom, dan Abraham pergi bersama-sama dengan
mereka untuk menyuruh mereka pergi. 17 Berfirmanlah
TUHAN: "Apakah Aku akan menyembunyikan daripada
Abraham apa yang akan Kulakukan ini? 18 Bukankah Abraham
pasti akan menjadi bangsa yang besar dan berkuasa, dan oleh
dia segala bangsa di bumi akan diberkati? 19 Sebab Aku telah
memilih dia, supaya ia memerintahkan anak-anaknya dan
keluarganya kemudian daripadanya, supaya mereka tetap
hidup menurut jalan TUHAN, dengan melakukan kebenaran
dan keadilan, dan supaya TUHAN mendatangkan kepada
Abraham apa yang telah difirmankan-Nya kepadanya." 20
Berfirmanlah TUHAN: "Oleh sebab keluh kesah tentang
Sodom dan Gomora sangat besar dan dosa mereka sangat
berat, 21 Aku akan turun sekarang dan melihat, apakah mereka
telah berbuat seperti keluh kesah yang telah sampai kepada-
Ku; dan jika tidak, Aku akan tahu."
22 Kemudian berpalinglah orang-orang itu dari situ dan
berjalan menuju Sodom, tetapi Abraham masih berdiri di
hadapan TUHAN. 23 Lalu Abraham mendekat dan berkata:
"Apakah Engkau akan membinasakan orang benar bersama-
sama dengan orang fasik? 24 Sekiranya ada lima puluh orang
benar di dalam kota itu, apakah Engkau akan membinasakan
tempat itu dan tidak mengampuninya *karena* lima puluh orang
benar yang ada di dalamnya? 25 Jauhlah dari pada-Mu untuk
melakukan hal seperti ini, membunuh orang benar bersama-

sama dengan orang fasik, sehingga orang benar sama dengan
orang fasik; jauhlah dari pada-Mu! Bukankah Hakim seluruh
bumi akan menghukum dengan adil?"
26 Lalu berfirmanlah TUHAN: "Jika Aku menemukan lima
puluh orang benar di dalam kota Sodom, maka Aku akan
mengampuni seluruh tempat itu karena mereka."
27 Lalu Abraham menjawab, "Sesungguhnya sekarang, aku
yang tetapi debu dan abu telah memberanikan diri untuk
berkata kepada Tuhan: 28 Sekiranya kurang lima orang
daripada lima puluh orang benar itu, adakah Engkau akan
memusnahkan seluruh kota itu kerana *kurang* lima orang itu?"
Maka firman-Nya: "Jika Aku mendapati di sana empat puluh
lima orang, Aku tidak akan memusnahkannya . "
29 Lalu berkatalah ia kepada-Nya sekali lagi: "Sekiranya
terdapat empat puluh orang di sana?"
Maka firman-Nya: "Aku tidak akan melakukannya *demi* empat
puluh orang."
30 Lalu berkatalah Abraham: "Janganlah kiranya Tuhan murka,
jika aku berkata: Sekiranya tiga puluh orang didapati di sana?"
Maka firman-Nya: "Aku tidak akan berbuat *demikian,* jika Aku
menjumpai tiga puluh orang di sana."
31 Lalu berkatalah Abraham: "Sesungguhnya aku telah
memberanikan diri untuk berkata kepada Tuhan. Sekiranya
dua puluh orang didapati di sana?"
Lalu firman-Nya: "Aku tidak akan memusnahkannya *demi* dua
puluh orang itu."
32 Lalu berkatalah Abraham: "Janganlah kiranya Tuhan murka,
jika aku berkata sekali lagi sahaja. Sekiranya sepuluh orang
didapati di sana?"
Lalu firman-Nya: "Aku tidak akan memusnahkannya *demi*
sepuluh orang itu." 33 Lalu pergilah TUHAN, setelah Ia selesai
berfirman kepada Abraham; dan Abraham kembali ke tempat
tinggalnya.

Amsal 29:2
Versi Raja James Baharu

2 Apabila orang benar berkuasa, rakyat bersukacita,
tetapi apabila *orang fasik* memerintah, rakyat mengeluh.

Kejadian 18:16-33

Mesej itu

16 Kemudian orang-orang itu bersiap untuk pergi ke Sodom.
Abraham berjalan bersama mereka untuk mengucapkan
selamat tinggal.
17-19 Kemudian Tuhan berfirman, “Patutkah Aku merahsiakan
daripada Abraham apa yang akan Kulakukan? Abraham akan
menjadi bangsa yang besar dan kuat; semua bangsa di dunia
akan diberkati melalui dia. Ya, Aku telah menetapkan dia
sebagai orang yang akan mendidik anak-anaknya dan
keluarganya pada masa hadapan untuk mematuhi jalan hidup
Tuhan, hidup dengan baik, murah hati dan adil, supaya Tuhan
dapat melaksanakan melalui Abraham apa yang telah
dijanjikan-Nya kepadanya.”
20-21 Tuhan bersambung, “Rasakan orang yang dibunuh di
Sodom dan Gomora sangat kuat; dosa kota-kota itu sangat
besar. Aku akan turun untuk melihat sendiri, sama ada apa
yang mereka lakukan itu seburuk yang disangka. Kemudian
Aku akan tahu.”
22 Lalu berangkatlah orang-orang itu ke Sodom, tetapi
Abraham menghalangi jalan Allah.
23-25 Abraham bertanya kepadanya, “Adakah kamu serius?
Adakah kamu bercadang untuk menghapuskan orang baik
bersama-sama orang jahat? Bagaimana jika terdapat lima
puluh orang yang baik yang tinggal di kota itu; adakah kamu
akan menyamakan orang baik dengan orang jahat dan
menghapuskan semuanya? Tidakkah kamu akan mengampuni
kota ini demi lima puluh orang yang tidak bersalah itu? Aku
tidak percaya kamu akan berbuat demikian, membunuh orang
baik dan orang jahat sama seperti tiada perbezaan antara
mereka. Bukankah Hakim seluruh bumi menghakimi dengan
adil?”

[26] Berfirmanlah Allah, "Jika Aku menemui lima puluh orang yang baik di kota Sodom, Aku akan mengampuni tempat itu hanya untuk mereka."
[27-28] Abraham kembali, katanya, "Hamba ini, manusia biasa yang diperbuat daripada segenggam tanah, beranikah hamba membuka mulut lagi kepada Tuanku? Sekiranya lima puluh orang itu kurang daripada lima orang, adakah Tuan akan memusnahkan kota ini kerana lima orang itu?"
Dia berkata, "Aku tidak akan memusnahkannya walaupun terdapat empat puluh lima orang."
[29] Abraham berkata lagi, "Bagaimana jika hanya empat puluh orang sahaja yang kamu temui?"
"Aku juga tidak akan memusnahkannya walaupun hanya untuk empat puluh orang."
[30] Dia berkata, "Tuan, janganlah marah kepadaku. Bagaimana jika hanya tiga puluh orang sahaja yang ditemui?"
"Tidak, saya tidak akan melakukannya jika saya menemui tiga puluh."
[31] Dia terus berkata, "Aku tahu aku sedang menguji kesabaran Tuan, tetapi bagaimana pula dengan dua puluh orang?"
"Aku tidak akan memusnahkannya demi dua puluh."
[32] Dia tidak mahu berhenti berkata, "Jangan marah, Tuan—ini kali terakhir. Bagaimana jika Tuan hanya dapat sepuluh?"
"Demi sepuluh orang sahaja, aku tidak akan memusnahkan kota ini."
[33] Setelah Allah selesai berfirman kepada Abraham, pergilah Ia. Lalu Abraham pulang ke rumahnya.

Amsal 29:2
Mesej itu
[2] Apabila orang baik menjalankan tugasnya, semua orang gembira,
tetapi apabila pemerintah jahat, semua orang mengeluh.

6 pagi Tuhan, kami berjuang untuk kota-kota kami seperti Abraham berdoa syafaat;

menyelamatkan, menyembuhkan, dan mengubah komuniti yang ditandai untuk belas kasihan.

9 pagi Apabila orang benar berkuasa, biarlah rakyat bergembira; hapuskan pemerintahan yang menindas dan tadbir urus yang sinis.

12 tengah hari Setiap perjanjian dengan pertumpahan darah, ketamakan, dan kejahatan wilayah di pintu gerbang kota, akan dilanggar.

3 petang Ayah, didiklah penjaga pintu yang soleh dalam majlis, majlis perbandaran, dan struktur wilayah.

6 petang Saya menitahkan bahawa bandar-bandar kita tidak akan diserahkan kepada keganasan, rasuah, dan keruntuhan moral.

9 malam Biarlah doa menguasai pintu gerbang dan biarlah kepimpinan yang bijaksana muncul di peringkat tempatan dan kebangsaan.

12 tengah malam Setiap tuntutan jahat ke atas kawasan kejiranan, institusi dan wilayah strategik, akan dibatalkan.

3 pagi Ya Tuhan, ingatlah rahmat dalam penghakiman dan biarlah kota-kota mengalami lawatan ilahi dan bukannya kemusnahan.

Hari 29 - Gunung Pendidikan: Pembebasan daripada Tawanan Minda

Ayat-ayat Alkitab: 2 Korintus 10:4-5; Roma 12:2

2 Korintus 10:4-5
Versi Raja James Baharu
4 Kerana senjata peperangan kami *bukanlah* senjata duniawi, tetapi
senjata yang berkuasa di dalam Tuhan 'yang dapat
merobohkan benteng-benteng. 5 Kami meruntuhkan setiap
perdebatan dan setiap perkara yang meninggikan diri melawan
pengetahuan tentang Tuhan. Kami menawan setiap fikiran
dan mentaati Kristus.

Roma 12:2
Versi Raja James Baharu
2 Dan janganlah kamu menjadi serupa dengan dunia ini, tetapi berubahlah oleh pembaharuan budimu, sehingga kamu dapat membuktikan apakah *kehendak* Allah: yang baik, yang berkenan kepada-Nya dan yang sempurna.

2 Korintus 10:4-6
Mesej itu
3-6 Dunia ini tidak berprinsip. Ia seperti anjing yang makan sendiri di luar sana! Dunia tidak berjuang secara adil. Tetapi kita tidak hidup atau berperang seperti itu—tidak pernah dan tidak akan pernah. Alat perdagangan kita bukanlah untuk pemasaran atau manipulasi, tetapi ia adalah untuk merobohkan seluruh budaya yang korup secara besar-besaran itu. Kita menggunakan alat Tuhan kita yang berkuasa untuk menghancurkan falsafah yang sesat, meruntuhkan halangan yang didirikan terhadap kebenaran Tuhan, menyesuaikan setiap pemikiran, emosi dan dorongan yang longgar ke dalam

struktur kehidupan yang dibentuk oleh Kristus. Alat kita sedia ada untuk membersihkan setiap halangan dan membina kehidupan ketaatan menjadi matang.

Roma 12:2
Mesej itu
Letakkan Hidupmu Di Hadapan Tuhan
12 [1-2] Jadi inilah yang saya mahu anda lakukan, Tuhan membantu anda: Ambil kehidupan seharian anda yang biasa—tidur, makan, pergi bekerja, dan berjalan-jalan—dan letakkannya di hadapan Tuhan sebagai persembahan. Merangkul apa yang Tuhan lakukan untuk anda adalah perkara terbaik yang boleh anda lakukan untuk-Nya. Jangan terlalu menyesuaikan diri dengan budaya anda sehingga anda menyesuaikan diri dengannya tanpa berfikir. Sebaliknya, tumpukan perhatian anda kepada Tuhan. Anda akan diubah dari dalam ke luar. Kenali dengan mudah apa yang Dia inginkan daripada anda, dan cepat bertindak balas terhadapnya. Tidak seperti budaya di sekeliling anda, yang sentiasa menyeret anda ke tahap ketidakmatangannya, Tuhan mengeluarkan yang terbaik daripada anda, mengembangkan kematangan yang terbentuk dengan baik dalam diri anda.

6 pagi Bapa, runtuhkan kubu-kubu pemikiran, falsafah, dan pandangan dunia yang meninggikan diri menentang kebenaran-Mu.

9 pagi aku menawan setiap idea pemberontak, hujah budaya, dan ikatan mental yang menentang ketaatan kepada Kristus.

12 tengah hari Biarlah pembaharuan minda melanda para pelajar, guru dan institusi.

3 petang Setiap keangkuhan akademik yang mengejek Tuhan dan merosakkan kebijaksanaan, rendahkanlah dirimu di bawah cahaya ilahi.

6 petang Tuhan, bebaskan minda daripada trauma, kekeliruan, godaan, dan tawanan intelektual.

9 malam Saya menitahkan bahawa pelajar Kristian hendaklah berfikir dengan jelas, berdasarkan Alkitab, dan berani.

12 tengah malam Biarlah bilik darjah menjadi tempat di mana kebenaran menghapuskan penipuan dan tujuan dibangkitkan.

3 pagi Ya Tuhan, kuasailah kembali minda generasi ini dan selaraskannya dengan kebijaksanaan-Mu.

Hari 30 - Gunung Media: Pendedahan Karya Tersembunyi

Ayat-ayat suci: Efesus 5:11-14; Lukas 8:17

Efesus 5:11-14
Versi Raja James Baharu
11 Dan janganlah kamu turut serta dalam perbuatan-perbuatan
kegelapan yang tidak berbuah, tetapi sebaliknya [a]
singkapkanlah *perbuatan-perbuatan itu.* 12 Kerana memalukan
sekalipun untuk membicarakan perkara-perkara yang mereka
lakukan secara rahsia. 13 Tetapi semua perkara yang didedahkan
menjadi nyata oleh cahaya, kerana apa sahaja yang
menyatakan adalah cahaya. 14 Oleh itu Dia berkata:
"Bangunlah, hai kamu yang tidur,
Bangunlah dari antara orang mati, dan Kristus akan
memberimu terang."

Lukas 8:17
Versi Raja James Baharu
17 Kerana tiada sesuatu yang tersembunyi yang tidak akan
didedahkan, dan *tiada sesuatu* yang tersembunyi yang tidak
akan diketahui dan didedahkan.

Efesus 5:11-16
Mesej itu
11-16 Janganlah membuang masamu untuk pekerjaan yang sia-sia, pekerjaan yang menyibukkan diri, dan mengejar kegelapan yang sia-sia. Dedahkan perkara-perkara ini untuk kepura-puraan mereka. Sungguh memalukan apabila orang membuang hidup mereka untuk perkara-perkara yang perlu mereka lakukan dalam kegelapan di mana tiada siapa yang akan melihatnya. Koyakkan penutup penipuan itu dan lihat betapa menariknya rupa mereka dalam cahaya Kristus.

Bangunlah dari tidurmu,
keluarlah dari kerandamu; Kristus akan menunjukkan kepadamu cahaya!
Jadi berhati-hatilah. Gunakan akal sehatmu. Manfaatkan setiap peluang yang ada sebaik mungkin. Ini adalah masa-masa terdesak!

Lukas 8:17-18
Mesej itu
Orang yang Kikir dengan Apa yang Anda Dengar
16-18 "Tiada orang yang menyalakan pelita lalu menutupnya dengan bak cuci atau meletakkannya di bawah katil. Sebaliknya, kamu meletakkannya di atas kaki pelita supaya orang yang masuk ke dalam bilik dapat melihat jalan mereka. Kami tidak menyimpan rahsia; kami memberitahu mereka. Kami tidak menyembunyikan sesuatu; kami mendedahkan *segala-galanya* . Jadi berhati-hatilah supaya kamu tidak menjadi tamak terhadap apa yang kamu dengar. Kemurahan hati melahirkan kemurahan hati; dan kekikiran memiskinkan."

6 pagi Bapa, biarlah pekerjaan kegelapan yang tersembunyi dalam sistem komunikasi didedahkan oleh cahaya-Mu.

9 pagi saya menitahkan bahawa tiada apa-apa yang tersembunyi untuk memanipulasi orang ramai akan disembunyikan selama-lamanya.

12 tengah hari Setiap pakatan rahsia yang menghasilkan maklumat salah, hasutan dan rasuah, akan didedahkan.

3 petang Tuhan, sedarkan pemberi maklumat, pemberi kebenaran, dan pembaharu dengan keberanian dan perlindungan.

6 petang Biarlah apa yang telah diciptakan dalam kegelapan untuk mengelirukan, mengawal, dan merosakkan diseret ke penghakiman terbuka.

9 malam Saya menolak rasa takut kepada manusia dan berdoa untuk kejelasan suci dalam menghadapi penipuan yang rumit.

12 tengah malam Biarlah sistem media digoncangkan sehingga kebenaran dapat bernafas dan kebenaran dapat didengari.

Jam 3 pagi Ya Tuhan, bangkitlah sebagai penyingkap rahsia dan bongkarlah setiap pekerjaan tersembunyi yang menentang kerajaan-Mu.

Hari 31 - Pergunungan Perniagaan: Memecahkan Rintangan terhadap Peningkatan

Kitab Suci: Kejadian 50:20; Ayub 5:12

Kejadian 50:20
Versi Raja James Baharu
20 Tetapi kamu memang telah mereka-rekakan yang jahat terhadap aku, *tetapi* Allah mereka-rekakannya untuk kebaikan, dengan maksud untuk melaksanakannya seperti *yang terjadi* sekarang ini, iaitu menyelamatkan hidup banyak orang.

Ayub 5:12
Versi Raja James Baharu
12 Dia menggagalkan rancangan orang yang licik, sehingga tangan mereka tidak dapat melaksanakan rancangan mereka.

Kejadian 50:20-21
Mesej itu
19-21 Yusuf menjawab, "Jangan takut. Adakah aku bertindak untuk Tuhan? Tidakkah kamu lihat, kamu telah merancang kejahatan terhadap aku tetapi Tuhan menggunakan rancangan yang sama itu untuk kebaikanku, seperti yang kamu lihat di sekeliling kamu sekarang—kehidupan untuk ramai orang. Tenanglah sekarang, kamu tidak perlu takut; aku akan menjaga kamu dan anak-anak kamu." Dia meyakinkan mereka, bercakap dengan mereka dari hati ke hati.

Ayub 5:12-16
Mesej itu
Betapa Berkatnya Apabila Tuhan Menegur Anda!

8-16 "Jika aku berada di tempatmu, aku akan terus menghadap Tuhan,
aku akan menyerahkan diriku kepada rahmat Tuhan. Lagipun, Dia terkenal dengan tindakan-tindakan besar dan tidak dijangka; kejutan-kejutan-Nya tidak berkesudahan. Dia menurunkan hujan, misalnya, di seluruh bumi yang luas, mengirimkan air untuk mengairi ladang-ladang.
Dia membangkitkan mereka yang terpuruk,
memberi tempat yang kukuh kepada mereka yang tenggelam dalam kesedihan. Dia membatalkan rancangan jahat penjahat, sehingga tiada satu pun rancangan jahat mereka yang berhasil. Dia menangkap orang yang tahu segalanya dalam konspirasi mereka—semua tipu daya yang rumit itu disapu bersama sampah! Tiba-tiba mereka bingung, terjerumus ke dalam kegelapan; mereka tidak dapat melihat untuk melangkah. Tetapi orang yang tertindas diselamatkan oleh Tuhan, diselamatkan dari rancangan jahat, diselamatkan dari penumbuk besi. Dan orang miskin terus berharap, sementara ketidakadilan diikat dan disumbat.

6 pagi Bapa, apa yang musuh maksudkan untuk kejahatan dalam kewangan, perusahaan, dan penyediaan, ubahlah itu menjadi kebaikan Kerajaan Allah.

9 pagi Gagalkan tipu daya orang licik supaya tangan mereka tidak dapat melakukan usaha mereka terhadap kita.

12 tengah hari Setiap roh penentang yang ditempatkan di pintu gerbang kemajuan, singkirkan oleh api Tuhan.

3 petang saya mematahkan kelewatan, sabotaj, laporan berniat jahat, tuduhan palsu dan tentangan rahsia terhadap tenaga kerja yang soleh.

6 petang Tuhan, kurniakanlah umat-Mu rahmat yang dapat membungkamkan suara-suara permusuhan dan membuka pintu-pintu strategik.

9 malam Aku menitahkan kemakmuran di tengah-tengah permusuhan dan kemajuan di tengah-tengah rintangan.

12 tengah malam Biarlah sokongan tersembunyi, sekutu ilahi, dan peluang yang sah timbul secara tiba-tiba untuk kemajuan kerajaan.

3 pagi Ya Tuhan, ubahlah setiap pembangkang yang tersusun menjadi kesaksian tentang kesetiaan dan kuasa-Mu.

Hari 32 - Arts Mountain: Memecahkan Godaan dan Penyembahan Berhala

Ayat-ayat Alkitab: Mazmur 69:22-28; 1 Yohanes 5:21

Mazmur 69:22-28
Versi Raja James Baharu
22 Biarlah meja mereka menjadi jerat di hadapan mereka,
dan kesejahteraan mereka menjadi perangkap.
23 Biarlah mata mereka gelap, sehingga mereka tidak dapat melihat;
dan buatlah pinggang mereka goyah terus-menerus.
24 Curahkanlah murka-Mu ke atas mereka,
dan biarlah murka-Mu yang berkobar-kobar menguasai mereka.
25 Biarlah tempat kediaman mereka menjadi sunyi sepi;
janganlah seorang pun tinggal di khemah mereka.
26 Kerana mereka menganiaya *orang-orang* yang telah Kaupukul,
dan membicarakan kesedihan orang-orang yang telah Kaulukai.
27 Tambahkanlah kejahatan kepada kejahatan mereka,
dan janganlah biarkan mereka masuk ke dalam kebenaran-Mu.
28 Biarlah mereka dihapuskan dari kitab orang hidup,
dan janganlah ditulis bersama orang benar.

1 Yohanes 5:21
Versi Raja James Baharu
21 Hai anak-anakku, jauhilah berhala-berhala. Amin.

Mazmur 69:22-28
Mesej itu

22 Biarlah makanan mereka menjadi umpan dalam perangkap yang tertutup rapat;
Biarlah sahabat baik mereka menjadi penjerat yang akan menguliti mereka hidup-hidup.
23 Jadikan mereka buta seperti kelawar,
Goncangkan mereka dari pagi hingga malam.
24 Beritahu mereka apa yang kamu fikirkan tentang mereka,
Letupkan mereka dengan kemarahanmu yang membara.
25 Bakarlah rumah-rumah mereka,
biarkan mereka terbiar tanpa sesiapa pun di rumah.
26 Mereka bergosip tentang orang yang telah Kauhukum,
mereka-reka cerita tentang orang yang telah dilukai oleh Tuhan.
27 Tambakan rasa bersalah,
Jangan biarkan mereka terlepas.
28 Padamkan nama mereka daripada senarai orang yang hidup;
Tiada penghormatan yang diukir di batu untuk mereka di kalangan orang soleh.

1 Yohanes 5:21
Mesej itu
18-21 Kita tahu bahawa tiada seorang pun daripada mereka yang dilahirkan oleh Tuhan yang melakukan dosa—dosa yang membawa maut. Mereka yang dilahirkan oleh Tuhan juga dilindungi oleh Tuhan. Si Jahat tidak dapat menyentuh mereka. Kita tahu bahawa kita dipegang teguh oleh Tuhan; hanya manusia dunia yang terus berada dalam cengkaman Si Jahat. Dan kita tahu bahawa Anak Tuhan datang supaya kita dapat mengenali dan memahami kebenaran Tuhan—betapa besarnya anugerah!— dan kita hidup dalam Kebenaran itu sendiri, dalam Anak Tuhan, Yesus Kristus. Yesus ini adalah Tuhan yang Benar dan Kehidupan yang Nyata. Anak-anakku yang dikasihi, berwaspadalah terhadap semua tiruan yang licik.

6 pagi Bapa, terbalikkan setiap meja rayuan dan setiap jerat yang dipasang melalui budaya untuk memerangkap hati.

9 pagi saya meninggalkan berhala-berhala selebriti, kesombongan, sensualitas, dan meninggikan diri yang mendominasi ruang kreatif.

12 tengah hari Biarkan pesona, kekaguman terhadap kegelapan, dan selera untuk rasuah hilang kuasanya ke atas orang ramai.

3 petang Setiap mezbah kekaguman berhala yang menjauhkan penyembahan daripada Tuhan, hendaklah dirobohkan.

6 petang Tuhan, selamatkan artis dan penonton daripada belenggu kepada penerimaan, keterlaluan, dan kebutaan rohani.

9 malam Saya menitahkan bahawa mantera kebas moral terhadap budaya dipecahkan oleh cahaya Kristus.

12 tengah malam Biarlah keyakinan suci mengunjungi teater, studio, pentas, dan aliran di mana kegelapan telah diraikan.

Jam 3 pagi Ya Tuhan, pulihkan imaginasi daripada berhala dan alihkan keinginan kepada kebenaran, keindahan, dan penyembahan.

Hari 33 - Pemulihan Rahmat dan Perjanjian Kebangsaan

Ayat-ayat Alkitab: Daniel 9:1-19; 2 Tawarikh 7:13-16

Daniel 9:1-19
Versi Raja James Baharu
Doa Daniel untuk Umat
9 Pada tahun pertama pemerintahan Darius, anak Ahasuerus,
daripada keturunan orang Media, yang telah dilantik sebagai
raja atas kerajaan orang Kasdim— 2 pada tahun pertama
pemerintahannya, aku, Daniel, memahami melalui kitab-kitab
bilangan tahun *yang dinyatakan* oleh firman TUHAN melalui
nabi Yeremia, bahawa Dia akan melaksanakan tujuh puluh
tahun dalam kehancuran Yerusalem.
3 Kemudian aku menghadapkan wajahku kepada Tuhan Allah
untuk berdoa dan memohon dengan berpuasa, memakai kain
kabung dan abu. 4 Lalu aku berdoa kepada Tuhan, Allahku,
dan mengaku dosaku, katanya: "Ya Tuhan, Allah yang besar
dan dahsyat, yang memegang perjanjian dan rahmat-Nya
terhadap orang yang mengasihi-Nya dan terhadap orang yang
memelihara perintah-perintah-Nya, 5 kami telah berdosa dan
melakukan kejahatan, kami telah berbuat jahat dan
memberontak, bahkan dengan menyimpang dari titah dan
peraturan-Mu. 6 Kami juga tidak mengindahkan hamba-
hamba-Mu, para nabi, yang telah berbicara atas nama-Mu
kepada raja-raja kami, kepada para pemimpin kami, kepada
nenek moyang kami dan kepada seluruh rakyat negeri. 7 Ya
Tuhan, kebenaran *adalah milik* -Mu, tetapi kami malu, seperti
yang terjadi pada hari ini—kepada orang Yehuda, kepada
penduduk Yerusalem dan seluruh Israel, yang dekat dan yang
jauh di semua negeri ke mana Engkau telah menghalau
mereka, oleh karena ketidaksetiaan yang mereka lakukan
terhadap-Mu.

8 "Ya Tuhan, kami *menanggung* malu, raja-raja kami, pemimpin-
pemimpin kami, dan nenek moyang kami, kerana kami telah
berdosa terhadap-Mu. 9 Tuhan, Allah kami, *mempunyai* rahmat
dan pengampunan, walaupun kami telah memberontak
terhadap-Nya. 10 Kami tidak mentaati suara Tuhan, Allah
kami, untuk hidup menurut hukum-hukum-Nya yang telah
ditetapkan-Nya kepada kami dengan perantaraan hamba-
hamba-Nya, para nabi. 11 Ya, seluruh Israel telah melanggar
hukum-Mu dan telah menyimpang, tidak mentaati suara-Mu;
oleh sebab itu kutukan dan sumpah yang tertulis dalam
Hukum Musa, hamba Allah itu, telah dicurahkan ke atas kami,
kerana kami telah berdosa terhadap-Nya. 12 Dan Dia telah
menepati firman-Nya yang telah diucapkan-Nya terhadap
kami dan terhadap hakim-hakim kami yang menghakimi
kami, dengan mendatangkan bencana yang besar ke atas kami,
kerana di bawah seluruh langit belum pernah terjadi seperti
yang telah terjadi kepada Yerusalem.
13 "Seperti *yang* tertulis dalam Taurat Musa, segala bencana ini
telah menimpa kami, namun kami tidak berdoa kepada
TUHAN, Allah kami, supaya kami berbalik dari kesalahan
kami dan memahami kebenaran-Mu. 14 Sebab itu TUHAN
mengingat bencana ini dan mendatangkannya kepada kami,
sebab TUHAN, Allah kami, *adil* dalam segala pekerjaan yang
dilakukan-Nya, walaupun kami tidak mendengarkan suara-
Nya. 15 Maka sekarang, ya TUHAN, Allah kami, yang telah
membawa umat-Mu keluar dari tanah Mesir dengan tangan
yang kuat dan membuat nama bagi-Mu seperti *pada* hari ini—
kami telah berdosa, kami telah berbuat jahat!
16 "Ya Tuhan, aku berdoa, menurut segala kebenaran-Mu,
biarlah murka dan kemurkaan-Mu berpaling dari kota-Mu
Yerusalem, gunung- Mu yang kudus; kerana oleh dosa-dosa
kami, dan oleh kesalahan nenek moyang kami, Yerusalem dan
umat-Mu *menjadi* cela bagi semua *orang* di sekeliling kami. 17
Oleh itu, ya Tuhan kami, dengarkanlah doa hamba-Mu dan
permohonannya, dan demi Tuhan [a] suluhkanlah wajah-Mu
ke [b] tempat kudus-Mu yang telah sunyi sepi. 18 Ya Tuhanku,
condongkanlah telinga-Mu dan dengarlah; bukalah mata-Mu

dan lihatlah kehancuran kami, dan kota yang disebut dengan nama-Mu; sebab kami tidak menyampaikan permohonan kami ke hadapan-Mu oleh karena perbuatan benar kami, tetapi oleh karena rahmat-Mu yang besar. 19 Ya Tuhan, dengarlah! Ya Tuhan, ampunilah! Ya Tuhan, dengarlah dan bertindaklah! Janganlah bertangguh oleh karena Engkau sendiri, ya Tuhanku, sebab kota-Mu dan umat-Mu disebut dengan nama-Mu."

2 Tawarikh 7:13-16
Versi Raja James Baharu
13 Apabila Aku menutup langit sehingga tidak ada hujan, atau memerintahkan belalang untuk memakan habis tanah, atau mengirimkan penyakit sampar ke antara umat-Ku, 14 dan umat-Ku yang disebut dengan nama-Ku merendahkan diri, berdoa dan mencari wajah-Ku, lalu berbalik dari jalan jahat mereka, maka Aku akan mendengar dari sorga dan mengampuni dosa mereka serta menyembuhkan tanah mereka. 15 Sekarang mata-Ku akan terbuka dan telinga-Ku akan memperhatikan doa *yang diucapkan* di tempat ini. 16 Sebab sekarang Aku telah memilih dan [a] menguduskan rumah ini, supaya nama-Ku ada di sana selama-lamanya; dan [b] mata-Ku dan [c] hati-Ku akan ada di sana sepanjang masa.

Daniel 9:1-19
Mesej itu
Komitmen Perjanjian Tuhan
9 1-4 "Darius, anak Ahasuerus, yang lahir dari Media, menjadi raja atas tanah Babilon. Pada tahun pertama pemerintahannya, aku, Daniel, merenungkan Kitab Suci yang memberikan, menurut Firman Tuhan kepada nabi Yeremia, jumlah tahun Yerusalem harus dirobohkan, iaitu tujuh puluh tahun. Aku berpaling kepada Tuhan Allah, meminta jawapan—berdoa dengan sungguh-sungguh, berpuasa dari makan, memakai kain guni kasar untuk bertaubat, dan berlutut di atas abu. Aku mencurahkan isi hatiku, meluahkan jiwaku kepada Tuhan, Allahku:

4-8 "Ya Tuhan, Tuhan yang agung dan agung. Engkau tidak pernah goyah dalam komitmen perjanjian-Mu, tidak pernah berputus asa terhadap mereka yang mengasihi-Mu dan melakukan apa yang Engkau firmankan. Namun kami telah berdosa dalam segala hal yang dapat dibayangkan. Kami telah melakukan perkara-perkara jahat, memberontak, mengelak dan menyimpang di jalan-jalan-Mu yang jelas. Kami telah menutup telinga kepada hamba-hamba-Mu, para nabi, yang menyampaikan Firman-Mu kepada raja-raja dan pemimpin-pemimpin kami, ibu bapa kami, dan semua orang di negeri ini. Engkau telah melakukan segala yang benar, Tuhan, tetapi yang kami tunjukkan untuk hidup kami hanyalah rasa bersalah dan malu, seluruh kami—orang Yehuda, warga Yerusalem, Israel di rumah dan Israel dalam buangan di semua tempat kami dibuang negeri kerana pengkhianatan kami terhadap-Mu. Ya Tuhan, kami telah terdedah dalam rasa malu kami, kami semua—raja-raja, pemimpin, ibu bapa kami—di hadapan seluruh dunia. Dan memang sepatutnya begitu, kerana dosa kami.

9-12 "'Belas kasihan adalah satu-satunya harapan kami, belas kasihan-Mu, ya Tuhan, Allah kami, kerana dalam pemberontakan kami, kami telah kehilangan hak kami. Kami tidak menghiraukan-Mu ketika Engkau mengajar kami cara hidup, ajaran yang jelas yang datang melalui hamba-hamba-Mu, para nabi. Kami semua di Israel mengabaikan apa yang Engkau firmankan. Kami menentang perintah-Mu dan melakukan apa yang kami sukai. Dan sekarang kami menanggung akibatnya: Kutukan yang tertulis dengan jelas dalam wahyu kepada hamba Tuhan Musa, kini sedang bekerja di antara kami, upah dosa kami terhadap-Mu. Engkau melakukan kepada kami dan kepada para penguasa kami seperti yang Engkau katakan akan Engkau lakukan: Engkau mendatangkan bencana yang dahsyat ini ke atas kami, bencana yang paling teruk yang pernah dicatat—dan di Yerusalem!

13-14 "Seperti yang tertulis dalam wahyu Tuhan kepada Musa, bencana itu adalah dahsyat. Tiada apa yang ditahan. Kami

terus berbuat dosa, tidak pernah memikirkan Engkau, tidak menghiraukan amaran-Mu yang jelas, dan oleh itu Engkau tidak mempunyai pilihan selain membiarkan bencana itu menimpa kami dengan sepenuhnya. Engkau, Tuhan kami, berhak sepenuhnya untuk melakukan ini kerana kami terus-menerus dan dengan membangkang mengabaikan-Mu.
15-17 "Tuhan, Engkaulah Allah kami, kerana Engkau telah menyelamatkan umat-Mu dari tanah Mesir dengan menunjukkan kuasa—orang masih membicarakannya! Kami mengaku bahawa kami telah berdosa, bahawa kami telah menjalani kehidupan yang jahat. Mengikuti garis panduan apa yang selalu Engkau lakukan dalam membetulkan keadaan, membetulkan *orang*, tolong berhentilah murka terhadap Yerusalem, kota-Mu sendiri, gunung-Mu yang suci. Kami tahu bahawa ini telah berlaku adalah salah kami, semuanya kerana dosa-dosa kami dan dosa-dosa ibu bapa kami, dan sekarang kami menjadi malu kepada semua orang di sekeliling kami. Kami menjadi noda di kawasan kejiranan ini. Oleh itu , dengarlah, ya Tuhan, doa hamba-Mu yang teguh ini. Kasihanilah Tempat Suci-Mu yang telah musnah. Bertindaklah berdasarkan siapa Engkau sebenarnya, bukan berdasarkan siapa kami sebenarnya.
18 "Tuhan, dengarkanlah kami. Bukalah mata-Mu dan lihatlah kota kami yang telah musnah ini, kota yang dinamakan sempena nama-Mu. Kami tahu bahawa kami tidak layak mendapat pendengaran daripada-Mu. Rayuan kami adalah kepada belas kasihan-Mu. Doa ini adalah harapan terakhir dan satu-satunya kami:
19 " Tuan, dengarlah kami!
Tuan, ampunilah kami! Tuan, pandanglah kami dan lakukan sesuatu! Tuan, jangan tangguhkan kami! Kota dan rakyat-Mu dinamakan sempena nama-Mu: Engkau mempunyai kepentingan dalam kami!"

2 Tawarikh 7:13-18
Mesej itu

12-18 Tuhan menampakkan diri kepada Salomo pada malam itu juga dan berfirman, "Aku menerima doamu; ya, Aku telah memilih tempat ini sebagai bait suci untuk pengorbanan, rumah ibadat. Jika Aku mematikan bekalan hujan dari langit atau memerintahkan belalang untuk memakan hasil tanaman atau mengirimkan wabak ke atas umat-Ku, dan umat-Ku, umat yang ditentukan Tuhan-Ku, menjawab dengan merendahkan diri, berdoa, mencari hadirat-Ku, dan berpaling daripada kehidupan jahat mereka, Aku akan berada di sana bersedia untukmu: Aku akan mendengar dari syurga, mengampuni dosa mereka, dan memulihkan tanah mereka. Mulai sekarang Aku berjaga siang dan malam terhadap doa yang dipanjatkan di tempat ini. Percayalah kepada-Ku, Aku telah memilih dan menguduskan Rumah Suci yang telah kaubina ini: Nama-Ku tertera di atasnya selama-lamanya; mata-Ku tertuju padanya dan hati-Ku di dalamnya sentiasa. Mengenai engkau, jika engkau hidup di hadirat-Ku seperti Daud, ayahmu, suci hati dan tindakannya, menjalani kehidupan yang telah Kutetapkan untukmu, taat kepada tuntunan dan peraturan-Ku, maka Aku akan menyokong pemerintahan rajamu atas Israel—menjadikannya sesuatu yang pasti pada suatu hari nanti. dasar yang teguh. Jaminan perjanjian yang sama yang telah Kuberikan kepada Daud, ayahmu, Aku berikan kepadamu, iaitu, 'Engkau boleh bergantung pada keturunanmu untuk selama-lamanya menduduki takhta Israel.'

6 pagi Tuhan, kami mengaku dosa negara, pemberontakan korporat, dan kebanggaan kolektif; kami memohon belas kasihan-Mu yang besar.

9 pagi Kami menyampaikan permohonan kami bukan kerana kebenaran kami tetapi kerana belas kasihan-Mu.

12 tengah hari Biarlah rasa malu berubah menjadi taubat dan taubat berubah menjadi pemulihan di tanah kita.

3 petang Setiap perjanjian dengan ketidakadilan, pertumpahan darah, penyembahan berhala, dan korupsi, dilanggar oleh rahmat ilahi.

6 petang Bapa, dengarlah, ampunilah, dengarlah, dan bertindaklah; janganlah bertangguh demi nama-Mu.

9 malam Aku menitahkan bahawa tempat-tempat yang sunyi akan diingati oleh Tuhan dan dibina semula dengan perkenan-Nya.

12 tengah malam Biarlah kemarau rohani, keruntuhan sosial, dan kehancuran moral memberi laluan kepada penyembuhan dan reformasi.

3 pagi Ya Tuhan, ingatlah umat-Mu, peliharalah kesaksian-Mu, dan hidupkan semula tanah kami demi nama-Mu yang agung.

Hari 34 - Penginjilan dan Pertemuan untuk Orang yang Tidak Beriman

Ayat-ayat suci: Lukas 2:32; Yohanes 16:8

Lukas 2:32
Versi Raja James Baharu
32 Cahaya yang *membawa* penyataan kepada bangsa-bangsa lain, dan kemuliaan umat-Mu, Israel."

Yohanes 16:8
Versi Raja James Baharu
8 Dan apabila Dia datang, Dia akan menginsafkan dunia tentang dosa, kebenaran, dan penghakiman:

Lukas 2:32
Mesej itu
25-32 Pada masa itu, di Yerusalem ada seorang lelaki bernama Simeon, seorang lelaki yang baik, seorang lelaki yang sentiasa berdoa untuk mendapatkan pertolongan bagi Israel. Roh Kudus ada padanya. Roh Kudus telah menunjukkan kepadanya bahawa dia akan melihat Mesias Tuhan sebelum dia mati. Dipimpin oleh Roh Kudus, dia masuk ke Bait Suci. Ketika ibu bapa Yesus yang kecil membawanya masuk untuk melaksanakan ritual Hukum Taurat, Simeon memeluknya dan memuji Tuhan:
Tuhan, sekarang Engkau boleh membebaskan hamba-Mu; bebaskan aku dalam damai seperti yang Engkau janjikan. Dengan mataku sendiri aku telah melihat keselamatan-Mu; kini ia terbuka untuk dilihat oleh semua orang: Cahaya yang menyatakan Tuhan kepada bangsa-bangsa bukan Yahudi, dan kemuliaan bagi umat-Mu Israel.

Yohanes 16:8-11
Mesej itu
8-11 "Apabila Dia datang, Dia akan mendedahkan kesilapan pandangan dunia yang tidak bertuhan tentang dosa, kebenaran, dan penghakiman: Dia akan menunjukkan kepada mereka bahawa penolakan mereka untuk percaya kepada-Ku adalah dosa asas mereka; bahawa kebenaran datang dari atas, di mana Aku bersama Bapa , di luar pandangan dan kawalan mereka; bahawa penghakiman berlaku apabila pemerintah dunia yang tidak bertuhan ini dibawa ke pengadilan dan disabitkan kesalahan.

6 pagi Bapa, biarlah cahaya Kristus menerobos kegelapan ketidakpercayaan, ketidakpedulian, dan penentangan yang keras.

9 pagi Insafkan hati akan dosa, kebenaran, dan penghakiman, dan singkirkan timbangan dari pikiran yang buta.

12 tengah hari saya berdoa untuk pertemuan ilahi, mimpi, lawatan, dan wahyu Yesus Kristus yang tidak dapat dinafikan.

3 petang Setiap tabir yang menyelubungi keluarga, komuniti, dan orang-orang yang belum percaya, dikoyakkan oleh rahmat Tuhan.

6 petang Tuhan, ganggulah kedamaian palsu dan pemberontakan yang selesa dengan keyakinan suci yang membawa kepada keselamatan.

9 malam Biarlah para pencari menemukan-Mu, para pengejek ditangkap oleh kebenaran, dan orang-orang yang hilang ditarik pulang.

12 pagi Bangkitkan saksi-saksi yang dipenuhi dengan belas kasihan, kejelasan, dan kuasa untuk menyebarkan Kristus dengan berkesan.

3 pagi Ya Tuhan, kurniakanlah pertemuan yang mengubah musuh menjadi duta dan orang yang ragu-ragu menjadi penyembah.

Hari 35 - Peperangan dan Pengudusan Peribadi

Ayat-ayat Alkitab: Efesus 6:10-18; Mazmur 139:23-24

Efesus 6:10-18
Mesej itu
Perjuangan hingga ke penghujungnya
10-12 Dan itu sahaja kesimpulannya. Tuhan itu kuat, dan Dia mahu kamu kuat. Jadi, ambillah segala yang telah disediakan oleh Tuhan untuk kamu, senjata yang dibuat dengan baik daripada bahan terbaik. Dan gunakanlah semuanya supaya kamu dapat bertahan terhadap segala yang dilemparkan oleh Iblis kepadamu. Ini bukanlah perang hujung minggu yang akan kita tinggalkan dan lupakan dalam beberapa jam sahaja. Ini untuk selama-lamanya, pertarungan hidup atau mati hingga ke penghujungnya menentang Iblis dan semua malaikatnya.
13-18 Bersedialah. Anda menghadapi jauh lebih banyak daripada yang dapat anda tangani sendiri. Ambil semua bantuan yang anda dapat, setiap senjata yang telah Tuhan keluarkan, supaya apabila semuanya berakhir kecuali seruan, anda masih akan berdiri tegak. Kebenaran, kebenaran, kedamaian, iman, dan keselamatan lebih daripada sekadar kata-kata. Belajarlah cara menerapkannya. Anda akan memerlukannya sepanjang hidup anda. Firman Tuhan adalah senjata *yang sangat diperlukan* . Dengan cara yang sama, doa adalah penting dalam peperangan yang berterusan ini. Berdoalah dengan bersungguh-sungguh dan panjang. Berdoalah untuk saudara-saudari anda. Pastikan mata anda terbuka. Pastikan semangat satu sama lain sentiasa tinggi supaya tiada siapa yang ketinggalan atau berputus asa.

Mazmur 139:23-24

Mesej itu
[23-24] Selidikilah hidupku, ya Tuhan,
ketahuilah segala-galanya tentang aku; Periksalah dan ujilah aku, dapatkan gambaran yang jelas tentang diriku;
Lihatlah sendiri sama ada aku telah melakukan sesuatu yang salah—
kemudian bimbinglah aku di jalan menuju kehidupan yang kekal.

Efesus 6:10-18
Versi Raja James Baharu
Seluruh Perisai Tuhan
[10] Akhirnya, saudara-saudaraku, hendaklah kamu kuat di
dalam Tuhan dan di dalam kuasa kuasa-Nya. [11] Kenakanlah
seluruh perlengkapan senjata Tuhan, supaya kamu dapat
bertahan melawan tipu daya Iblis. **12 Kerana kita bergelut bukan melawan darah dan**
daging, tetapi melawan pemerintah -pemerintah, melawan penguasa-
penguasa, melawan penghulu-penghulu dunia yang gelap ini,
melawan roh- roh *jahat* di tempat -tempat syurgawi . [13] Oleh itu,
pakailah seluruh perlengkapan senjata Tuhan, supaya kamu
dapat bertahan pada hari yang jahat itu, dan setelah kamu
menyelesaikan segala sesuatu, kamu tetap berdiri.
[14] Oleh itu, berdirilah teguh, berikat pinggangmu dengan
kebenaran dan berbajuzirah keadilan, [15] dan kakimu dengan
persediaan untuk menyebarkan Injil damai sejahtera, [16] dan di
atas semuanya, ambillah perisai iman, yang akan dapat
memadamkan semua panah api dari si jahat. [17] dan ambillah
ketopong keselamatan dan pedang Roh, iaitu firman Allah. [18]
dan berdoalah selalu dalam Roh dengan segala doa dan permohonan, dan berjaga-jagalah untuk tujuan itu dengan segala ketekunan dan permohonan untuk semua orang kudus,

Mazmur 139:23-24
Versi Raja James Baharu
[23] Selidikilah aku, ya Allah, dan kenallah hatiku;
ujilah aku, dan kenallah kekhawatiranku;

[24] dan lihatlah, apakah *ada* jalan yang jahat dalam diriku,
dan tuntunlah aku di jalan yang kekal.

6 pagi Tuhan, selidikilah aku, ujilah aku, dan dedahkan apa sahaja dalam diriku yang memberi musuh tempat berpijak yang sah.

Jam 9 pagi aku memakai seluruh perlengkapan senjata Tuhan dan menolak setiap kompromi yang melemahkan otoritas rohani.

12 tengah hari Setiap pakatan dalaman dengan ketakutan, keangkuhan, nafsu, kepahitan, dan ketidakpercayaan, dipecahkan sekarang.

3 petang Biarlah motif tersembunyi, selera makan yang tercemar, dan luka yang belum sembuh dibawa ke bawah pemerintahan Kristus.

6 petang Bapa, sucikan pertuturanku, disiplinkan fikiranku, dan aturlah keinginanku untuk perang dan untuk ibadah.

9 malam Saya menitahkan bahawa saya tidak akan kalah dalam pertempuran secara tertutup dan cuba memenanginya di khalayak ramai.

12 pagi Biarlah hidupku menjadi pintu gerbang kegelapan yang tertutup dan pintu gerbang terbuka kepada Roh Kudus.

Jam 3 pagi Ya Tuhan, sucikan aku sepenuhnya dan jadikan aku wadah yang bersih untuk syafaat strategik.

Hari ke-36 - Berjaga-jaga Tengah Malam Menentang Rintangan

Ayat-ayat suci: Nehemia 4:9,13; Matius 26:41

Nehemia 4:9
Versi Raja James Baharu
9 Namun begitu, kami berdoa kepada Tuhan kami, dan oleh kerana mereka, kami menempatkan pengawal terhadap mereka siang dan malam.

Nehemia 4:13
Versi Raja James Baharu
13 Oleh itu, aku menempatkan *orang-orang* di belakang bahagian bawah tembok, di pintu-pintu masuk, dan aku menempatkan orang-orang itu menurut keluarga mereka, dengan pedang, tombak, dan busur mereka.

Matius 26:41
Versi Raja James Baharu
41 Berjaga-jagalah dan berdoalah, supaya kamu jangan jatuh ke dalam pencobaan. Roh memang *penurut* , tetapi daging *lemah* ".

Nehemia 4:9
Mesej itu
7-9 Apabila Sanbalat, Tobia , orang Arab, orang Amon, dan orang Asdod mendengar bahawa pembaikan tembok Yerusalem berjalan lancar—sehingga kerosakan pada tembok sedang dibaiki—mereka sangat marah. Mereka bersatu hati dan memutuskan untuk memerangi Yerusalem dan menimbulkan masalah sebanyak yang mereka mampu. Kami membalas dengan berdoa kepada Tuhan kami dan menempatkan pengawal sepanjang masa menentang mereka.

Nehemia 4:13-14
Mesej itu
13-14 Jadi aku menempatkan pengawal bersenjata di tempat-tempat yang paling terdedah di tembok dan menempatkan orang-orang mengikut keluarga dengan pedang, tombak, dan busur mereka. Setelah memeriksa keadaan, aku berdiri dan berkata kepada para bangsawan, para pejabat, dan semua orang lain: "Janganlah takut kepada mereka. Arahkanlah hatimu kepada Tuhan yang agung dan dahsyat, dan kemudian berperanglah untuk saudara-saudaramu, anak-anak lelakimu, anak-anak perempuanmu, isteri-isterimu, dan rumahmu."

Matius 26:41
Mesej itu
40-41 Apabila Dia kembali kepada pengikut-pengikut-Nya, Dia mendapati mereka sedang tidur nyenyak. Dia berkata kepada Petrus, "Tidakkah kamu sanggup bersabar walaupun sejam bersama-Ku? Berjaga-jagalah dan berdoalah supaya kamu tidak ke dalam godaan tanpa menyedari bahawa kamu berada dalam bahaya. Ada sebahagian daripada dirimu yang bersemangat dan bersedia untuk apa sahaja dalam Tuhan. Tetapi ada bahagian lain yang malas seperti anjing tua yang tidur di tepi api."

Jam 6 pagi Bapa, sementara kami berdoa dan berjaga-jaga, kiranya setiap serangan malam yang menghalangi kemajuan kami dicegah.

Jam 9 pagi saya menerima rahmat untuk berjaga-jaga terhadap serangan halus, keletihan rohani, dan rintangan yang tidak kelihatan.

12 tengah hari Setiap Sanbalat dan Tobia yang menghina pembangunan semula ilahi, dibungkamkan.

3 petang Biarkan setiap perangkap yang dipasang pada waktu tersembunyi terdedah sebelum ia boleh menjadi kerosakan.

6 petang Tuhan, bekalilah umat-Mu dengan kebijaksanaan, keberanian, dan pengawasan yang berdisiplin.

9 malam Saya menitahkan bahawa pembangkang tidak akan menghentikan pembinaan, doa, atau penggenapan kenabian.

12 tengah malam Setiap transaksi tengah malam terhadap rumah tangga, tugasan, dan panggilan saya, dibatalkan oleh darah Yesus.

3 pagi Ya Tuhan, tetapkan jagaan dan berikanlah kami kemenangan atas segala rintangan pada musim ini.

Hari 37 - Pembebasan Wilayah dan Bantuan Malaikat

Ayat-ayat Alkitab: Mazmur 91:11-13; Kisah Para Rasul 12:7-10

Mazmur 91:11-13
Versi Raja James Baharu
11 Kerana Dia akan memerintahkan malaikat-malaikat-Nya
untuk menjaga engkau dalam segala jalanmu.
12 Di tangan *mereka* mereka akan [a] mendukung engkau,
supaya kakimu jangan [b] terantuk batu.
13 Engkau akan memijak singa dan ular tedung,
singa muda dan ular beludak akan kauinjak-injak.

Kisah Para Rasul 12:7-10
Versi Raja James Baharu
7 Tiba-tiba seorang malaikat Tuhan berdiri di *dekatnya* dan
cahaya bersinar di dalam penjara itu; ia menepuk lambung
Petrus dan membangunkannya, katanya: "Bangunlah segera!"
Maka jatuhlah rantainya dari *tangannya* . 8 Lalu kata malaikat itu
kepadanya: "Ikatlah pinggangmu dan ikatlah kasutmu." Lalu
ia berbuat demikian . Lalu malaikat itu berkata kepadanya:
"Pakailah pakaianmu dan ikutlah Aku." 9 Maka ia pergi ke luar
dan mengikuti malaikat itu, tetapi ia tidak tahu, bahwa apa
yang dilakukan oleh malaikat itu benar, tetapi ia menyangka ia
melihat suatu penglihatan. 10 Setelah mereka melewati pos
pengawal yang pertama dan yang kedua, sampailah mereka di
pintu gerbang besi yang menuju ke kota. Pintu gerbang itu
terbuka sendiri bagi mereka. Lalu mereka keluar dan berjalan
melalui satu jalan. Dan seketika itu juga malaikat itu
meninggalkan dia.

Mazmur 91:11-13

Mesej itu
91 [1-13] Hai kamu yang duduk di hadirat Allah Yang Maha Tinggi,
bermalamlah di bawah naungan Yang Maha Kuasa,Katakanlah ini: "Tuhan, Engkaulah tempat perlindunganku.
Aku percaya kepada-Mu dan aku selamat!"
Benar—Dia menyelamatkan engkau dari perangkap tersembunyi, melindungi engkau dari bahaya yang membawa maut. Lengan-Nya yang besar dan terulur melindungi engkau—di bawahnya engkau benar-benar aman; lengan-Nya menangkis segala bahaya.Jangan takut apa-apa—bukan serigala liar di malam hari, bukan panah yang terbang di siang hari, Bukan penyakit yang berkeliaran di kegelapan, bukan bencana yang meletus pada tengah hari. Walaupun orang lain tumbang di sekeliling, jatuh seperti lalat ke kanan dan ke kiri, tiada bahaya yang akan meragut engkau.Engkau akan berdiri tanpa tersentuh, menyaksikan semuanya dari jauh, menyaksikan orang fasik berubah menjadi mayat.Ya, kerana Tuhan adalah tempat perlindunganmu, Allah Yang Maha Tinggi rumahmu sendiri,Kejahatan tidak dapat mendekatimu, bahaya tidak dapat menembus pintu.Dia memerintahkan malaikat-malaikat-Nya untuk menjagamu ke mana pun engkau pergi.Jika engkau tersandung, mereka akan menangkapmu; Tugas mereka adalah untuk mengelakkan kamu daripada jatuh. Kamu akan berjalan tanpa cedera di antara singa dan ular, dan menendang singa muda dan ular dari laluan itu.

Kisah Para Rasul 12:7-11
Mesej itu
[7-9] Tiba-tiba seorang malaikat berdiri di sisinya dan cahaya menerangi ruangan itu. Malaikat itu menggoncangkan Petrus dan membangunkannya, katanya: "Cepatlah!" Gari itu terlepas dari pergelangan tangannya. Malaikat itu berkata: "Pakailah bajumu. Pakailah kasutmu." Petrus pun melakukannya. Kemudian, ia berkata: "Ambillah jubahmu

dan marilah kita pergi dari sini." Petrus mengikutinya, tetapi ia tidak percaya itu benar-benar malaikat, sebab ia menyangka ia sedang bermimpi.
10-11 Setelah mereka melepasi pengawal pertama dan kemudian pengawal kedua, sampailah mereka di pintu besi yang menuju ke kota. Pintu itu terbuka sendiri di hadapan mereka, dan mereka keluar ke jalan raya, bebas seperti angin sepoi-sepoi. Di persimpangan pertama, malaikat itu meninggalkan dia, lalu pergi ke jalannya sendiri. Ketika itulah Petrus menyedari bahawa itu bukanlah mimpi. "Aku tidak percaya—ini benar-benar berlaku! Tuhan telah mengutus malaikat-Nya dan menyelamatkan aku daripada persembahan kecil Herodes yang kejam dan tontonan yang dinanti-nantikan oleh orang Yahudi."

6 pagi Bapa, perintahkan malaikat-malaikat-Mu untuk menjaga kami dalam segala hal semasa puasa ini dan seterusnya.

9 pagi saya menitahkan bahawa penindasan wilayah, serangan terancang, dan intimidasi yang tidak kelihatan tidak akan berlaku.

12 tengah hari Biarlah cahaya memasuki tempat-tempat penjara, bilik-bilik tersembunyi, dan wilayah-wilayah yang terbelenggu di mana kegelapan telah memerintah.

3 petang Setiap pintu besi yang menentang musim kita yang seterusnya, dibuka atas perintah ilahi.

6 petang Tuhan, lepaskanlah rantai dari para pemimpin, pemberi syafaat, keluarga, dan wilayah yang ditawan dalam kurungan yang lama.

9 malam aku memijak singa, ular tedung, ular beludak, dan setiap tindakan berbisa musuh.

12 tengah malam Biarlah pengiring malaikat mengiringi tugasan kerajaan dan menggagalkan serangan hendap syaitan.

3 pagi Ya Tuhan, biarlah pembebasan menjadi nyata, nyata, dan tidak dapat dinafikan di tengah-tengah kami.

Hari 38 - Tuaian, Tempat-tempat Kaya, dan Pemulihan

Ayat-ayat Alkitab: Yesaya 60:5-7; Mazmur 66:12

Yesaya 60:5-7
Versi Raja James Baharu
5 Pada waktu itu engkau akan melihat dan menjadi berseri-seri,
dan hatimu akan bergembira; kerana kelimpahan laut akan
dikembalikan kepadamu, kekayaan bangsa-bangsa lain akan
datang kepadamu.
6 Banyak unta akan menutupi *tanahmu,*
unta-unta dromedari Midian dan Efa; semua orang dari Syeba
akan datang; mereka akan membawa emas dan kemenyan,
dan mereka akan memberitakan pujian kepada TUHAN.
7 Semua kambing domba Kedar akan dikumpulkan kepadamu,
domba-domba jantan Nebayot akan melayanimu;
mereka akan naik dengan perkenan di atas mezbah-Ku, dan
Aku akan memuliakan rumah kemuliaan-Ku.

Mazmur 66:12
Versi Raja James Baharu
12 Engkau telah membuat orang menunggangi kepala kami;
kami telah melalui api dan air; tetapi Engkau telah membawa
kami keluar kepada suatu kelimpahan yang melimpah ruah .

Yesaya 60:5-7

Mesej itu

Orang yang Kembali untuk Reunion

60 1-7 "Bangunlah dari tempat tidur, hai Yerusalem!
Bangunlah. Dekatkan wajahmu ke bawah sinar matahari.
Kemuliaan Tuhan yang terang telah terbit untukmu. Seluruh
bumi diselimuti kegelapan, semua orang tenggelam dalam
kegelapan yang pekat, Tetapi Tuhan terbit atasmu, kemuliaan
matahari terbit-Nya menyinarimu. Bangsa-bangsa akan datang
kepada cahayamu, raja-raja kepada cahaya mataharimu yang
terbit. Lihatlah ke atas! Lihatlah sekeliling! Perhatikan mereka
berkumpul, perhatikan mereka mendekatimu: Putra-putramu
datang dari tempat yang jauh, putri-putrimu digendong oleh
pengasuh mereka. Apabila kamu melihat mereka datang,
kamu akan tersenyum—senyuman lebar! Hatimu akan
membengkak dan, ya, meletup! Semua orang yang kembali
melalui laut untuk penyatuan kembali, hasil tuaian yang
melimpah ruah dari orang-orang buangan yang dikumpulkan
dari bangsa-bangsa! Dan kemudian aliran kafilah unta sejauh
mata memandang, unta muda nomad di Midian dan Efa,
Mencurah dari selatan dari Syeba, sarat dengan emas dan
kemenyan, memberitakan pujian kepada Tuhan. Dan ya,
kumpulan besar kawanan domba dari nomad di Kedar dan
Nebayot ,
Selamat datang hadiah untuk disembah di mezbah-Ku ketika
Aku memandikan Bait Suci-Ku yang mulia dengan
kemegahan.

Mazmur 66:12

Mesej itu

8-12 Pujilah Tuhan kita, hai bangsa-bangsa!
Sambutlah Dia dengan gemuruh! Bukankah Dia telah
memimpin kita di jalan kehidupan? Bukankah Dia telah
menyelamatkan kita dari parit? Dia telah melatih kita dahulu,
seperti perak yang telah melalui api penyulingan,
membawa kita ke tanah yang sukar,
mendorong kita ke tahap yang paling tinggi, menguji kita di
dalam dan di luar, membawa kita ke neraka dan kembali;
Akhirnya Dia membawa kita ke tempat yang berair ini.

6 pagi Bapa, bawalah kami ke tempat kami yang kaya setelah musim-musim tekanan, pemangkasan, dan peperangan.

9 pagi Perintahkan khazanah darat dan laut untuk memenuhi tujuan kerajaan dan pengelolaan yang benar.

12 tengah hari Setiap sekatan di pintu tuaian, disingkirkan dengan kuasa Yesus Kristus.

3 petang Biarlah tahun-tahun yang terbuang, peluang yang tertangguh, dan kelebihan yang dicuri dipulihkan dengan peningkatan.

6 petang Tuhan, kumpulkan sumber untuk misi, belas kasihan, pemuridan, dan impak generasi.

9 malam Aku menitahkan bahawa hasil tuaian tidak akan mati di ladang dan bekalan tidak akan kekurangan di jalan.

12 tengah malam Biarlah bangsa-bangsa membawa harta mereka untuk melayani agenda penebusan Tuhan.

3 pagi Ya Tuhan, mahkotai musim ini dengan pemulihan yang kelihatan, peningkatan yang sah, dan kesaksian.

Hari 39 - Tujuh Gunung di Bawah Kekuasaan Kristus

Ayat-ayat suci: Matius 6:10; Wahyu 11:15

Matius 6:10
Versi Raja James Baharu
10 Datanglah Kerajaan-Mu.
Jadilah kehendak-Mu di bumi seperti *di* syurga.

Wahyu 11:15
Versi Raja James Baharu
Trompet Ketujuh: Kerajaan Diisytiharkan
15 Kemudian malaikat ketujuh meniup sangkakalanya: Dan terdengarlah suara-suara nyaring di syurga, katanya: " Kerajaan dunia ini telah menjadi kerajaan *Tuhan* kita dan Kristus-Nya, dan Dia akan memerintah selama-lamanya! "

Matius 6:10-13
Mesej itu
7-13 "Dunia ini penuh dengan apa yang dipanggil pahlawan doa yang jahil tentang doa. Mereka penuh dengan formula, program, dan nasihat, menjajakan teknik untuk mendapatkan apa yang anda inginkan daripada Tuhan. Jangan terpedaya dengan omong kosong itu. Inilah Bapamu yang sedang kamu hadapi, dan Dia lebih tahu daripada kamu apa yang kamu perlukan. Dengan Tuhan seperti ini yang mengasihi kamu, kamu boleh berdoa dengan sangat mudah. Seperti ini:
Bapa kami yang di syurga,
nyatakan siapa Engkau. Perbaiki dunia; Lakukan yang terbaik— seperti di atas, begitu juga di bawah. Hidupkan kami dengan tiga hidangan.
Pastikan kami diampuni bersama-Mu dan ampunilah orang lain.

Jauhkan kami daripada diri kami sendiri dan Iblis. Engkau yang berkuasa! Engkau boleh melakukan apa sahaja yang Engkau inginkan! Engkau bercahaya dalam keindahan! Ya. Ya. Ya.

Wahyu 11:15-18
Mesej itu
Bunyi Trompet Terakhir
15-18 Malaikat ketujuh meniup trompet. Suara-suara di Syurga merdu,
Kerajaan dunia kini adalah
Kerajaan Tuhan kita dan Mesias-Nya! Dia akan memerintah selama-lamanya!
Dua Puluh Empat Tua-tua yang duduk di atas takhta mereka di hadapan Tuhan sujud menyembah dan menyanyi,
Kami bersyukur kepada-Mu, ya Tuhan, Yang Maha Kuasa, Yang Ada dan Yang Dahulu. Engkau telah mengambil kuasa-Mu yang besar dan mengambil alih—memerintah! Bangsa-bangsa yang marah kini merasakan murka- *Mu* .
Waktunya telah tiba untuk menghakimi orang mati, untuk memberi ganjaran kepada hamba-hamba-Mu, semua nabi dan orang-orang kudus, Memberi ganjaran kepada orang kecil dan besar yang takut akan Nama-Mu, dan membinasakan pemusnah bumi.

6 pagi Bapa, biarlah Kerajaan-Mu datang dan jadilah kehendak-Mu merentasi agama, keluarga, pendidikan, kerajaan, media, seni dan perniagaan.

9 pagi aku menitahkan bahawa setiap gunung pengaruh manusia akan tunduk kepada kerajaan Yesus Kristus.

12 tengah hari Setiap takhta kegelapan yang menduduki sektor strategik, digoncang dan disingkirkan.

3 petang Biarlah para pembaharu, pembangun, pemberi syafaat, dan pemimpin yang soleh ditempatkan dalam setiap bidang.

6 petang Tuhan, selaraskan doa, nubuat, strategi, dan tindakan untuk transformasi wilayah.

9 malam Saya mengisytiharkan bahawa tiada gunung yang terlalu ditawan untuk ditebus dan tiada sistem yang terlalu keras untuk pencerobohan ilahi.

12 pagi Biarlah bunyi syurga mengatasi suara Babylon dalam setiap ruang budaya dan sivik.

3 pagi Ya Tuhan, tuntutlah ketujuh gunung itu untuk kemuliaan-Mu dan tegakkan kesaksian kerajaan yang kekal di bumi.

Hari ke-40 - Kesyukuran, Pemeteraian, dan Pentauliahan

Ayat-ayat Alkitab: Mazmur 126:1-6; Ibrani 7:25

Mazmur 126

Versi Raja James Baharu
Kepulangan yang Menyenangkan ke Sion
Nyanyian Pendakian.
126 Ketika Tuhan mengembalikan [a] penawanan Sion,
kita seperti orang yang bermimpi.
2 Pada waktu itu mulut kita penuh dengan ketawa,
dan lidah kita dengan nyanyian. Kemudian mereka berkata di antara [b] bangsa-bangsa,
"Tuhan telah melakukan perkara-perkara besar untuk mereka."
3 Tuhan telah melakukan perkara-perkara besar untuk kita,
dan kita bersukacita.
4 Pulihkanlah tawanan kami, ya Tuhan,
seperti sungai-sungai di Selatan.
5 Mereka yang menabur dengan air mata
akan menuai dengan sukacita.
6 Dia yang terus-menerus pergi [c] sambil menangis,
sambil membawa [d] benih untuk ditabur,
pasti akan kembali [e] dengan sukacita, sambil membawa berkas-berkasnya .

Ibrani 7:25
Versi Raja James Baharu
25 Oleh itu , Dia juga sanggup menyelamatkan sepenuhnya mereka yang datang kepada Allah melalui Dia, kerana Dia sentiasa hidup untuk menjadi perantara bagi mereka.

Mazmur 126

Mesej itu

126 1-3 Ia bagaikan mimpi, terlalu indah untuk menjadi kenyataan,
apabila Tuhan mengembalikan orang buangan Sion. Kami ketawa, kami menyanyi, kami tidak dapat mempercayai nasib baik kami. Kami menjadi bualan bangsa-bangsa— " Tuhan itu ajaib bagi mereka!"
Tuhan *itu* ajaib bagi kami;
kami adalah satu umat yang bahagia.
4-6 Dan sekarang, ya Tuhan, lakukanlah sekali lagi—
turunkanlah hujan ke atas kehidupan kami yang dilanda kemarau. Jadi mereka yang menanam tanaman mereka dengan putus asa akan berseru "Ya!" pada musim menuai,
Jadi mereka yang pergi dengan hati yang berat akan pulang dengan ketawa, dengan lengan yang penuh dengan berkat.

Ibrani 7:25

Mesej itu

23-25 Dahulu terdapat ramai imam, kerana mereka telah meninggal dunia dan perlu digantikan. Tetapi keimamatan Yesus adalah kekal. Dia ada di sana dari sekarang hingga selama-lamanya untuk menyelamatkan setiap orang yang datang kepada Tuhan melalui Dia, sentiasa bertugas untuk membela mereka.

6 pagi Bapa, kami bersyukur kepada-Mu kerana usaha kami dalam doa tidak sia-sia dan benih kami akan kembali dengan tuaian.

9 pagi Kita memberkati Yesus Kristus, Pengantara kita yang kekal, yang sentiasa hidup untuk menjadi pengantara bagi kita.

12 tengah hari aku memeteraikan setiap jawapan, terobosan, pembebasan, dan transaksi ilahi yang dicapai semasa puasa ini.

3 petang Semoga apa yang diidamkan dalam doa dipelihara daripada kecurian, rasuah, dan kehilangan pramatang.

6 petang Tuhan, utuslah kami daripada puasa ini dengan minyak segar, penglihatan yang jelas, dan kewibawaan yang teruji.

9 malam Aku menitahkan bahawa musim ini akan terbit dalam doa yang berterusan, bukan semangat yang sementara; dalam buah yang berkekalan, bukan emosi yang sementara.

12 tengah malam Biarlah kesaksian tentang penyembuhan, keselamatan, pemulihan, penyediaan, dan pembaharuan berlipat ganda selepas puasa ini.

3 pagi Ya Tuhan, selesaikan apa yang telah Engkau mulai di dalam kami, melalui kami, dan di sekitar kami, dan biarlah kemuliaan hanya milik-Mu.

Kesimpulan

Berdiri Setia di Jurang

Sepanjang empat puluh hari doa dan puasa ini, orang percaya telah sengaja menempatkan diri mereka di hadapan Tuhan bagi pihak Gereja, para pemimpin, dan bangsa-bangsa.

Syafaat bukan sekadar kata-kata yang diucapkan dalam doa. Ia adalah tentang berdiri di celah antara langit dan bumi, mempercayai bahawa tujuan Tuhan dapat mengubah kehidupan, komuniti, dan seluruh negara.

Nabi Yehezkiel mencatatkan hati Tuhan ketika Dia berfirman:

"Aku mencari seorang di antara mereka yang akan mendirikan tembok dan berdiri di celah di hadapan-Ku untuk negeri itu." (Yehezkiel 22:30)

Jemputan ini masih kekal sehingga kini.

Tuhan terus mencari mereka yang mau berdoa—bukan sahaja untuk keperluan peribadi mereka, tetapi juga untuk takdir Gereja dan masa depan bangsa-bangsa.

Selama dua puluh tahun, tempoh berjaga empat puluh hari ini—dari **17 Mac hingga 25 April** —telah diperingati sebagai musim syafaat yang dikhaskan. Apa yang bermula sebagai seruan peribadi untuk berdoa telah menjadi beban bersama yang dipikul oleh orang percaya yang menyedari kepentingan berdoa untuk hala tuju rohani dunia kita.

Melalui doa-doa ini, kami memohon kepada Tuhan untuk menguatkan Gereja-Nya, membimbing para pemimpin dengan kebijaksanaan dan kebenaran, dan menarik ramai orang yang tidak pernah mengenal-Nya ke dalam pertemuan yang menyelamatkan dengan Yesus Kristus.

Doa-doa dalam buku ini bukanlah pengakhiran syafaat. Ia adalah permulaan.

Seruan untuk berdiri di jurang itu berterusan melangkaui empat puluh hari ini.

Keluarga memerlukan doa.

Gereja-gereja memerlukan doa.

Komuniti memerlukan doa.

Bangsa-bangsa memerlukan doa.

Dan tujuh gunung pengaruh—agama, keluarga, pendidikan, kerajaan, media, seni dan budaya, serta perniagaan—memerlukan orang percaya yang akan sentiasa mencari kebijaksanaan dan campur tangan Tuhan.

Semasa anda mengakhiri tempoh berjaga empat puluh hari ini, ingatlah bahawa Roh Kudus terus membimbing doa umat Tuhan. Yesus Kristus sendiri menjadi perantara di hadapan Bapa, dan orang percaya di mana-mana dijemput untuk menyertai pelayanan suci itu.

Semoga Tuhan menguatkan komitmen anda terhadap doa.

Semoga hidupmu tetap menjadi bait suci yang hidup di mana Roh Tuhan tinggal.

Semoga suaramu terus berkumandang di hadapan syurga bagi pihak Gereja dan bangsa-bangsa.

Dan semoga Kerajaan Tuhan maju dalam setiap bidang pengaruh manusia.

Panggilan itu tetap jelas:

Berdirilah di celah jurang.
Berdoalah tanpa henti. Percayalah untuk transformasi bangsa-bangsa.

Sertai Gerakan Syafaat Global

Panggilan kepada 10 Juta Pendoa Syafaat

Tugasan doa ini tidak bertujuan untuk dibawa seorang diri. Tuhan sedang membangkitkan **sekumpulan pendoa syafaat global** yang akan berdiri di celah untuk Gereja, untuk para pemimpin, dan untuk bangsa-bangsa.

Melalui buku kecil ini, orang percaya di seluruh dunia dijemput untuk menyertai **gerakan syafaat yang semakin berkembang yang terdiri daripada lebih 10 juta pejuang doa** yang komited untuk mencari Tuhan bagi transformasi bangsa-bangsa.

Anda dijemput untuk berhubung dengan salah satu komuniti pelengkap kami dan terus berkembang dalam doa, pemuridan, dan pembentukan rohani.

Berhubung dengan Komuniti Pelengkap Kami
Sertai mana-mana komuniti kami yang meriah berdasarkan minat rohani anda.
10 Juta – Komuniti Melengkapi Syafaat
Facebook
https://www.otakada.org/facebookintercessory

Sekolah Roh Kudus – Komuniti Pemuridan
Facebook
https://www.otakada.org/facebookholyghostschool
Telegram
https://t.me/holyghostschooldiscipleship

10 Juta Pendoa Syafaat Melengkapi Komuniti

WhatsApp
https://www.otakada.org/whatsappintercessory

"Kita Satu dalam Kristus Yesus"
Komuniti WhatsApp Kementerian Helang Tuhan (GEM)
Komuniti 1
https://www.otakada.org/whatsappcommunity1
Komuniti 2
https://www.otakada.org/whatsappcommunity2

Lawati Kedai Dalam Talian Kami
Terokai koleksi buku dan sumber Kristian kami yang memberi inspirasi yang direka untuk melengkapkan orang percaya untuk berdoa, menjadi murid, dan berkhidmat untuk Kerajaan Tuhan.
Beli-belah di sini
https://shop.otakada.org

Jumpa lagi di seberang sana
Pelayanan Helang Tuhan (GEM)
Komuniti untuk Akhir Zaman
Laman web
https://www.otakada.org
Emel
ambassador@otakada.org
Dengan ucapan terima kasih,
Jawatankuasa Aluan

PANGGILAN UNTUK BERTINDAK

Perkongsian untuk Hasil Tuaian

Semasa anda menutup buku ini, kami menjemput anda untuk meneruskan perjalanan ini selangkah lebih maju—bukan sahaja dalam kehidupan anda sendiri, tetapi juga dalam kehidupan ramai jiwa di seluruh negara.

Jika pesanan daripada God's Eagle Ministries (GEM) telah menguatkan, menyedarkan, atau menyelaraskan semula hati anda, kami dengan rendah hati meminta anda untuk mempertimbangkan dengan penuh doa untuk **bekerjasama dengan kami demi tuaian** . Dunia dahagakan kebenaran, harapan, dan suara Roh Kudus yang lembut namun tidak dapat disangkal, dan bersama-sama kita dapat meletakkan pesanan ini di tempat yang paling diperlukan.

Kami percaya media lebih daripada sekadar teknologi—ia adalah **jaring rohani** yang dicampakkan jauh ke dalam negara, kampung, bandar dan tempat tersembunyi. Melalui filem, video, radio dan pelayanan digital, GEM menjangkau orang yang mungkin tidak pernah memasuki gereja, tetapi hati mereka terbuka luas untuk bertemu dengan Kristus yang hidup.

Kerjasama anda membantu kami:

1. Menghasilkan Kandungan Filem & Video yang Penuh Semangat

Kisah dan ajaran yang menyembuhkan, memberi inspirasi, dan mendedahkan kasih Yesus dengan cara yang jelas, mudah difahami dan mengubah hidup.

2. Siarkan Injil di Radio

Membawa Firman Tuhan ke penjara, hospital, komuniti luar bandar, dan tempat-tempat yang jauh di luar jangkauan internet—di mana harapan sukar didapati dan kebenaran berharga.

3. Luaskan Kempen Pengajaran & Pemuridan Media Sosial Kami
Renungan harian, doa, dan ajaran yang menguatkan orang percaya, memulihkan keluarga, dan melengkapi murid di seluruh dunia.

Mengapa Sokongan Anda Penting

Setiap mesej yang dilepaskan menjadi benih cahaya.
Setiap ajaran menjadi riak transformasi. Setiap tindakan kemurahan hati menjadi sebahagian daripada tuaian global Tuhan.
Pemberian anda membantu pelayanan ini menjangkau jiwa-jiwa yang mungkin tidak akan kita temui di bumi, tetapi pasti akan kita temui di keabadian. Tiada jumlah yang tetap—berilah hanya apabila Tuhan memimpin anda. Setiap pemberian, besar atau kecil, memainkan peranan dalam memajukan Kerajaan.

Untuk Menjadi Rakan Kongsi atau Memberi:
PayPal:
https://www.paypal.com/ncp/payment/D6NEFW56KG8LU
Perpuluhan.ly:
https://tithe.ly/give?c=308311

Flutterwave –
https://flutterwave.com/donate/bbkpkokehxlw

Semua Jalan Pemberian:
https://www.otakada.org/partnership-giving
Terima kasih kerana berdiri bersama kami.
Terima kasih kerana menyemai tuaian. Terima kasih kerana membantu kami membawa mesej Kristus kepada bangsa-bangsa.
Semoga Tuhan memberkati kamu dengan limpah, menambah kamu dengan limpah, dan melipatgandakan setiap benih yang kamu tabur untuk kemuliaan-Nya.
Dalam nama Yesus yang perkasa, Amin.

—Duta Isnin O. Ogbe , Zacharias Godseagle ; Selesa Ladi Pengasas Ogbe
, Kementerian Helang Tuhan (GEM)
www.otakada.org

Bagaimana untuk Dilahirkan Semula dan Memulakan Kehidupan Baru bersama Kristus

Mungkin anda pernah berjalan bersama Yesus sebelum ini, atau mungkin anda baru sahaja bertemu dengan-Nya sepanjang 40 hari ini. Tetapi sekarang, sesuatu di dalam diri anda sedang bergejolak.

Kamu bersedia untuk lebih daripada sekadar agama.

Kamu bersedia untuk **menjalin hubungan** .

Kamu bersedia untuk berkata, "Yesus, aku memerlukan-Mu."

Inilah kebenarannya:

"Sebab semua orang telah berbuat dosa; kita semua telah gagal mencapai standar kemuliaan Allah... namun Allah, dalam rahmat-Nya, dengan cuma-cuma menjadikan kita benar di hadapan-Nya."

— Roma 3:23–24 (NLT)

Anda tidak boleh mendapatkan keselamatan.

Anda tidak boleh memperbaiki diri sendiri. Tetapi Yesus telah membayar harga penuh — dan Dia sedang menunggu untuk menyambut anda pulang.

Cara Dilahirkan Semula

Dilahirkan semula bermaksud menyerahkan hidup anda kepada Yesus — menerima pengampunan-Nya, percaya bahawa Dia telah mati dan bangkit semula, dan menerima-Nya sebagai Tuhan dan Penyelamat anda.

Ia mudah. Ia berkuasa. Ia mengubah segala-galanya.

Doakan Ini Dengan Kuat:

"Tuhan Yesus, aku percaya Engkaulah Anak Tuhan. Aku percaya Engkau telah mati untuk dosa-dosaku dan bangkit semula. Aku mengaku bahawa aku telah berdosa dan aku memerlukan pengampunan-Mu. Hari ini, aku bertaubat dan berpaling dari cara hidupku yang lama. Aku menjemput-Mu ke dalam hidupku untuk menjadi Tuhan dan Penyelamatku. Basuhlah aku

sehingga bersih. Penuhilah aku dengan Roh-Mu. Aku menyatakan bahawa aku dilahirkan semula, diampuni, dan bebas. Mulai hari ini dan seterusnya, aku akan mengikut-Mu —dan aku akan hidup dalam jejak langkah-Mu. Terima kasih kerana menyelamatkan aku. Dalam nama Yesus, amin."

Langkah Seterusnya Selepas Keselamatan

1. **Beritahu Seseorang** – Kongsikan keputusan anda dengan orang yang anda percayai.
2. **Cari Gereja Berasaskan Bible** – Sertai komuniti yang mengajar Firman Tuhan dan mengamalkannya. Lawati pelayanan God's Eagle dalam talian melalui https://www.otakada.org atau https://chat.whatsapp.com/H67spSun32DDTma8TLh0ov
3. **Dibaptis** – Ambil langkah seterusnya secara terbuka untuk mengisytiharkan iman anda.
4. **Bacalah Alkitab Setiap Hari** – Mulakan dengan Injil Yohanes.
5. **Berdoa Setiap Hari** – Bercakap dengan Tuhan sebagai seorang sahabat dan Bapa.
6. **Kekal Terhubung** – Kelilingi diri anda dengan orang yang menggalakkan perjalanan baharu anda.
7. **Mulakan Proses pemuridan dalam komuniti** – Bina hubungan secara individu dengan Yesus Kristus melalui pautan ini

Pemuridan 40 hari 1 - https://www.otakada.org/get-free-40-days-online-discipleship-course-in-a-journey-with-jesus/

40 Pemuridan 2 - https://www.otakada.org/get-free-40-days-dna-of-discipleship-journey-with-jesus-series-2/

Detik Penyelamatan Saya

Tarikh : ______________________

Tandatangan : ___________________

"Jika sesiapa ada di dalam Kristus, ia adalah ciptaan baru: yang lama sudah berlalu, sesungguhnya yang baru sudah datang!"

— 2 Korintus 5:17

Sijil Kehidupan Baharu dalam Kristus

Deklarasi Keselamatan – Dilahirkan Semula oleh Rahmat
Ini mengesahkan bahawa

____

(Nama Penuh)
telah mengisytiharkan secara terbuka **iman kepada Yesus Kristus**
sebagai Tuhan dan Penyelamat dan telah menerima anugerah keselamatan secara cuma-cuma melalui kematian dan kebangkitan-Nya.
"Jika kamu mengaku secara terbuka bahawa Yesus adalah Tuhan dan percaya dalam hatimu bahawa Tuhan telah membangkitkan Dia dari antara orang mati, kamu akan diselamatkan."
— Roma 10:9 (NLT)
Pada hari ini, syurga bergembira dan perjalanan baharu bermula.
Tarikh Keputusan : ________________________

Tandatangan : ______________________________

Deklarasi Keselamatan
"Hari ini, aku menyerahkan hidupku kepada Yesus Kristus. Aku percaya Dia mati untuk dosa-dosaku dan bangkit semula. Aku menerima-Nya sebagai Tuhan dan Penyelamatku. Aku diampuni, dilahirkan semula, dan dijadikan baharu. Mulai saat ini, aku akan berjalan di jejak-Nya."
Selamat datang ke Keluarga Tuhan!
Namamu tertulis dalam Kitab Kehidupan Anak Domba.
Kisahmu baru sahaja bermula — dan ia kekal.

BERHUBUNG DENGAN MINISTRI EAGLE TUHAN

- Laman web: www.otakada.org
- Siri Kekayaan Melampaui Kebimbangan: www.wealthbeyondworryseries.com
- Emel: ambassador@otakada.org

- **Sokong kerja ini:**

Sokong projek kerajaan, misi dan sumber global percuma melalui pemberian yang dipimpin oleh perjanjian.

Imbas Kod QR untuk Menderma

https://tithe.ly/give?c=308311

Kemurahan hati anda membantu kami menjangkau lebih ramai jiwa, menterjemahkan sumber, menyokong mubaligh dan membina sistem pemuridan di seluruh dunia. Terima kasih!

BIO Pengarang

Zacharias Godseagle

Pengarang • Guru • Pemimpin Berwawasan

Zacharias Godseagle ialah seorang guru Firman yang bersemangat dan suara yang arif kepada Tubuh Kristus. Membawa rahmat unik untuk wawasan rohani, Zacharias melayani dengan kejelasan, kedalaman kenabian, dan keinginan yang membara untuk melihat orang percaya berjalan dalam kesucian, kesalehan, dan penyerahan diri yang tulen kepada Kristus.

Sebagai rakan sekerja dalam kerja God's Eagle Ministries (GEM), beliau memainkan peranan penting dalam membentuk kandungan pemuridan, pencerahan kitab suci, dan jangkauan berasaskan media yang menyentuh kehidupan merentasi sempadan digital dan fizikal. Tulisan-tulisannya memberi tumpuan kepada transformasi dalaman, ketaatan, dan pemulihan Kristus ke takhta hati orang percaya.

Zacharias didorong oleh keyakinan yang mudah: **apabila hati sejajar, takdir juga sejajar.**

Beliau terus menjangkau khalayak di seluruh dunia melalui pengajaran, bimbingan dan projek kreatif yang dipenuhi Roh.

Duta Isnin O. Ogbe

Pengarang • Komunikator Mubaligh • Pengasas, God's Eagle Ministries (GEM)

Duta Isnin Oreojo Ogwuojo Ogbe ialah pengasas **God's Eagle Ministries (GEM)** — sebuah misi global dengan mandat untuk "menghubungkan manusia dengan Tuhan melalui Firman-Nya." Dikenali kerana keghairahannya yang mendalam terhadap Syafaat, kebenaran, penceritaan emosi, dan pengajaran kenabian, beliau melayani di seluruh negara melalui penulisan, podcasting, pembikinan filem, penginjilan digital, dan pemuridan.

Dengan latar belakang dalam kepimpinan, media dan misi, Ambassador Monday membawakan urapan merentas budaya yang bergema dari Afrika hingga Asia, Amerika, Eropah dan Timur Tengah. Ajarannya menghadapi pertempuran tersembunyi di hati orang percaya—ketamakan, pergelutan identiti, rasa puas diri secara rohani dan hakisan halus keintiman dengan Tuhan.

Beliau merupakan pengarang pelbagai renungan, siri buku dan ajaran multimedia yang menjangkau berjuta-juta orang melalui otakada.org dan platform digital GEM.

Pesanan hidupnya ringkas tetapi mendalam:

"Apabila Kristus duduk di tengah, segala-galanya akan mengambil tempat yang sepatutnya."

Comfort Ladi Ogbe

Pengarang • Pendoa Syafaat • Rakan Sekerja dalam Kementerian

Comfort Ladi Ogbe ialah seorang penulis, pendoa syafaat, dan rakan sekerja dalam tugasan Kerajaan Tuhan di bawah Kementerian Helang Tuhan. Dikurniakan dengan belas kasihan, kebijaksanaan, dan semangat yang memupuk, beliau membawa kedalaman emosi dan landasan rohani kepada setiap projek yang disentuhnya.

Sumbangannya—selalunya di sebalik tabir—membawa aroma kerendahan hati, kebijaksanaan, dan penyembuhan.

Keselesaan melayani melalui kaunseling, doa, pemuridan, dan kerjasama kreatif, terutamanya dalam karya yang menekankan pemulihan keluarga, kematangan rohani, dan transformasi hati.

Sebagai seorang penulis, beliau menulis berdasarkan pengalaman hidup dan keyakinan rohani, menawarkan pembaca kejelasan, keselesaan, dan galakan untuk mengejar keutuhan dalam Kristus.

Comfort komited untuk membantu orang percaya mengalami Tuhan bukan sahaja dalam pengetahuan, tetapi juga dalam kehidupan seharian—di mana hati belajar untuk percaya, menyerah, dan berkembang.

Halaman Pengarang:
https://www.amazon.com/stores/Zacharias-Godseagle/author/B0FCZ89D4K

LAMPIRAN

Lampiran A

Model Doa Strategik 60 Minit

Model ini mesti diamalkan setiap hari — bukan sekali-sekala.

30 Minit — Ibadah

Fokus hanya pada siapa Tuhan itu:

- Kesucian-Nya
- Kedaulatannya
- Rahmat-Nya
- Keadilan-Nya
- Kewibawaannya
- Kesetiaannya

Tiada permintaan.
Tiada petisyen. Hanya rasa hormat.

10 Minit — Isytiharkan Kedaulatannya

Nyatakan secara lisan:

- Tuhan yang mengatur hidupku.
- Tuhan yang memerintah keluargaku.
- Tuhan yang menentukan panggilanku.
- Tuhan yang memerintah persekitaranku.
- Tuhan memerintah bangsaku.

Autoriti diperkukuhkan melalui deklarasi.

10 Minit — Taubat

Periksa:
- Sikap
- Pertuturan
- Motif
- Kompromi tersembunyi
- Kemalasan rohani

Mengaku secara khusus.

10 Minit — Dekri Sejajar Kerajaan

Isytiharkan penjajaran berasaskan Kitab Suci:
- Aku berjalan dalam kesucian.
- Saya hidup dengan penuh disiplin.
- Aku bertahan dengan setia.
- Saya memenuhi tugasan.
- Saya enggan berundur.

Janganlah menetapkan cita-cita yang mementingkan diri sendiri.
Selaraskan dengan Kitab Suci.

Lampiran B

Panduan Tetapan Semula Disiplin 7 Hari

Selama tujuh hari berturut-turut:

1. Satu jam doa berstruktur tanpa gangguan setiap hari.
2. Bacalah satu Injil sepenuhnya.
3. Audit integriti setiap malam.
4. Tiada gosip, rungutan, keterlaluan.
5. Sekurang-kurangnya satu puasa yang disengajakan.
6. Bunyi digital yang berkurangan.
7. Pemeriksaan akauntabiliti harian.

Tujuh hari membina semula sensitiviti.

Lampiran C

Templat Perjanjian Kesetiaan Peribadi

Tulis ini dengan tulisan tangan anda sendiri.

PERJANJIAN SETIA PERIBADI

Saya, ______________________________,
mengisytiharkan kesetiaan saya sepenuhnya dan eksklusif kepada Yesus Kristus.
Aku meninggalkan kesetiaan yang berbelah bahagi.
Aku menolak kompromi tersembunyi. Aku berkomitmen kepada kekudusan dalam kehidupan peribadi dan awam. Aku berkomitmen kepada doa yang berdisiplin. Aku berkomitmen kepada kesetiaan yang berkekalan. Aku menerima tugas ilahiku. Aku menolak berundur.
Aku memeteraikan perjanjian ini di hadapan Tuhan.
Tandatangan: __________________________
Tarikh: ___________________________

BERKAT PASTORAL TERAKHIR

Semoga kesetiaanmu tak tergoyahkan.
Semoga disiplinmu konsisten. Semoga kekudusanmu menjaga masa depanmu. Semoga ketahananmu mengatasi intensiti.
Semoga tugasanmu dipenuhi. Semoga tiada peluru, tiada pengkhianatan, tiada kekecewaan, tiada kemunafikan, dan tiada bisikan balasan yang menarikmu kembali.
Semoga anda menamatkan perlumbaan anda.
Semoga syurga bergembira atasmu.
Ke hadapan sahaja.

BUKU & SUMBER YANG DISYORKAN

Aku Melihat Api dari Syurga
Dari Jihad ke Yesus - Kesetiaan Dibakar

Siri Renungan 40 Hari |Buku 3

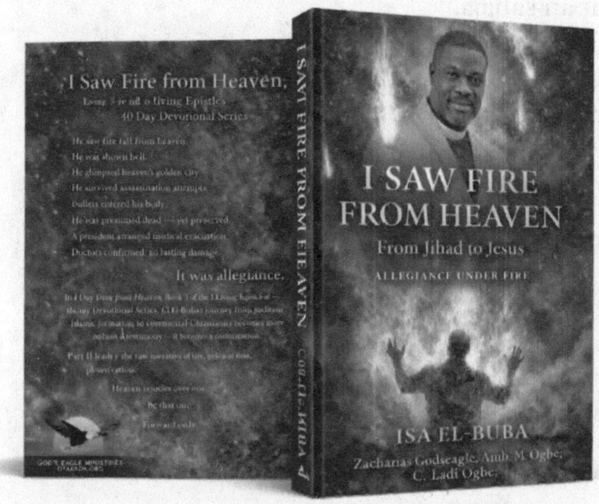

E-buku – https://shop.otakada.org/product/i-saw-fire-from-heaven-from-jihad-to-jesus-allegiance-under-fire-prophet-isa-el-buba-in-epub/

Pautan Ebook Amazon
https://www.amazon.com/Saw-Fire-Heaven-Allegiance-Devotional-ebook/dp/B0GP9TGL2D

Pesan melalui ingramspark
https://shop.ingramspark.com/b/084?params=L7sIm15JJC55NhWaeizvOlnnUVWZJdq7PISwLupgc8T

CS Lewis (1898-1963) -Kekristianan Semata-mata, Dijalani Sepenuhnya: Daripada Minda yang Enggan

kepada Kehidupan yang Berubah (Surat-surat Hidup - Siri Renungan 40 Hari | Buku Buku 2)

E-buku

https://www.amazon.com/Lewis-1898-1963-Mere-Christianity-Fully-ebook/dp/B0GKQ27F9N

Kulit lembut
https://www.amazon.com/Lewis-1898-1963-Mere-Christianity-Fully/dp/B0GM8YMXC3

Kulit keras

https://www.amazon.com/Lewis-1898-1963-Mere-Christianity-Fully/dp/B0GM8WHXJL

Pesan melalui pautan -
https://shop.ingramspark.com/b/084?params=HEiG1mvNiEtCSBrrX4PON2IomPPhR8L5aoQG6wcuKCT

ST. AUGUSTINE DARI HIPPO (354–430 M)
Dari Hati yang Gelisah kepada Kehidupan yang Tertulis
- Surat-surat Hidup – Siri Renungan 40 Hari – 1

Pautan Ebook Amazon -
https://www.amazon.com/ST-AUGUSTINE-HIPPO-354-430-Devotional-ebook/dp/B0GJN8N9XS

Pautan pesanan Buku Kulit Paperback Amazon -
https://www.amazon.com/St-Augustine-Hippo-354-430-Devotional/dp/B0GJWTVLR6

Ingramspark -
https://shop.ingramspark.com/b/084?params=BZOOW3dj93aGEtBL2Fv1VY8wV1OQvA10dtZRDgk7Z9Z

IMBAS SAYA

PEMBAHARUAN 7
Sembuhkan Hati Rumah Anda dalam 7 Hari
Siri Pembaharuan – Edisi Perpaduan Keluarga

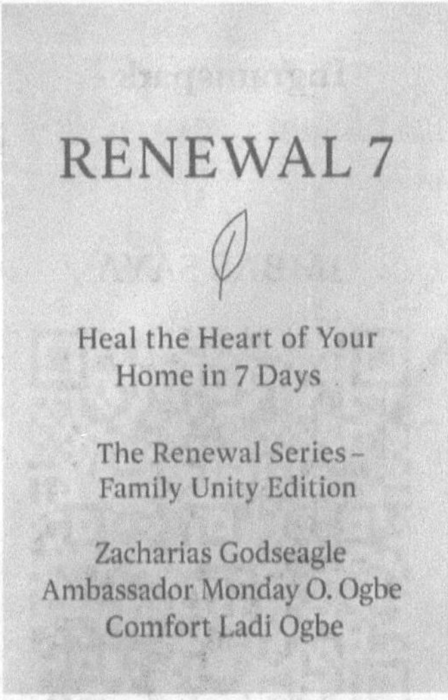

Pautan ke Buku Kulit Lembut -
https://shop.ingramspark.com/b/084?params=htyfL002e1JzyEpZWkKtaXWF5FJ1jZFOjgiQKEfcbnw

Pautan ke Halaman Amazon Kulit lembut -
https://www.amazon.com/RENEWAL-Heal-Heart-Your-Renewal/dp/B0GD92153W

Pautan ke Ebook Amazon –

https://www.amazon.com/RENEWAL-Heal-Heart-Your-Renewal-ebook/dp/B0G91BMFND

IMBAS SAYA –

Pembaharuan 7: Sembuhkan Hati Rumah Anda dalam 7 Hari
Siri Pembaharuan — Edisi Perpaduan Keluarga

Pautan ke Kulit Lembut -
https://shop.ingramspark.com/b/084?params=nSEElv
9oUsItOu5akVZlg4ycGbbmvlBOtSiqeOZr5yQ

Pautan ke buku kulit lembut Amazon -
https://www.amazon.com/RENEWAL-MARRIAGE-Heart-Marriage-Renewal/dp/B0GDC1YZJ7

Pautan ke Ebook Amazon -
https://www.amazon.com/RENEWAL-MARRIAGE-Heart-Marriage-Renewal-ebook/dp/B0G6JXJWJL

Takhta hati – 12 pertempuran yang mesti kita menangi

E-buku Amazon -
https://www.amazon.com/THRONE-HEART-COVETOUSNESS-Counterfeit-CONTENTMENT-ebook/dp/B0G4SPFRY7

Kulit lembut Amazon -
https://www.amazon.com/THRONE-HEART-COVETOUSNESS-Counterfeit-CONTENTMENT/dp/B0G4TKW1ND

Kulit lembut daripada Ingramspark -
https://shop.ingramspark.com/b/084?params=a75LJXtvvI63VnzeQPleQTkAJWfu8CPQV6l5Oe31D80

Khutbah 4 dalam 1 oleh Zacharias Godseagle dengan pautan Audio

Ebook Amazon - https://www.amazon.com/Sermons-Zacharias-Godseagle-Audio-links-ebook/dp/B0G4XCH4TW

Buku kulit lembut Amazon - https://www.amazon.com/Sermons-Zacharias-Godseagle-Audio-links/dp/B0G4TK4XGT

Pautan Ingram spark kulit lembut - https://shop.ingramspark.com/b/084?params=nK2JERskkbhdAOSNseTUNRhaCFqUPZuhB4uYfqrXvGb

THE LOGOS PROTOCOL SERIES | 1
PILGRIM CODE
AI AWAKENING
A prophetic sci-fi thriller where faith collides with artificial intelligence, and light wars against the code.
ZACHARIAS GODSEAGLE
AMBASSADOR MONDAY O. OGBE
COMFORT LADI OGBE

E-buku - https://www.amazon.com/Logos-Protocol-Awakening-artificial-intelligence-ebook/dp/B0FXNQFSWZ

Kulit lembut - https://www.amazon.com/Logos-Protocol-Awakening-artificial-intelligence/dp/B0FXNGR66D

Kulit Keras - https://www.amazon.com/Logos-Protocol-Awakening-artificial-intelligence/dp/B0FZNTQR6Y

Ingramspark Kulit Lembut - https://shop.ingramspark.com/b/084?params=QkK4aNYTYO9U5z9uOkdHgc7Ue1eGDLqbb1tz9WRPaSk

Mengapa Pembebasan Gagal - dan Bagaimana Api Tuhan Memulihkan Jiwa: 40 Deklarasi Harian untuk Pembebasan Menyeluruh

E-buku - https://www.amazon.com/Why-Deliverance-Fails-Declarations-All-Round-ebook/dp/B0FW74L4G4

Kulit lembut - https://www.amazon.com/Why-Deliverance-Fails-Declarations-All-Round/dp/B0FWB3LXRM

Diselamatkan tetapi Hilang – Mualaf yang Tidak Bermurid – diterjemahkan ke dalam 25 bahasa

Kulit lembut
https://shop.ingramspark.com/b/084?params=iYNB6S3PLMfREpm0jMM15bMe3BvWlkjcYyLYnHVGAds
E-buku - https://www.amazon.com/SAVED-BUT-LOST-UNDISCIPLED-heartbreak-ebook/dp/B0FVJ29DF7

7 HARI PEPERANGAN & PEMULIHAN ROHANI - ini adalah Bahagian 1

Mengikat Musuh, Mengembalikan Anak Panah Tujuh Kali Lipat, dan Memulihkan Takdir Anda

https://shop.ingramspark.com/b/084?params=8mPzqUl73Ex7uPyeO7ydyt8EGkkB6u2gX1jZvWU8j1C

Pautan e-buku - https://www.amazon.com/DAYS-SPIRITUAL-WARFARE-RECOVERY-Returning-ebook/dp/B0FMPJM5KZ

7 HARI PEPERANGAN & PEMULIHAN ROHANI - Bahagian 2 - Memeteraikan Kemenangan, Mematahkan Kejahatan Rumah Tangga, dan Memelihara Takdir Anda yang Dipulihkan

Kulit lembut - https://shop.ingramspark.com/b/084?params=LkpNmGSsApHhWhiSO7bW3wFmcXQKIO4ZEBeSbP5rL1S

E-buku - https://www.amazon.com/DAYS-SPIRITUAL-WARFARE-RECOVERY-Wickedness-ebook/dp/B0FR9YCMY8

DARI KEGELAPAN KEPADA PENGUASAAN: 40 Hari untuk Membebaskan Diri daripada Cengkaman Kegelapan yang Tersembunyi

–

Renungan Global tentang Kesedaran, Pembebasan & Kuasa - Untuk Individu, Keluarga dan Negara yang Bersedia untuk Bebas

Kulit lembut

https://shop.ingramspark.com/b/084?params=aVgp21QfwJxNANkfMxIQ0yejuFCVY12KFr978SRkZUD

Amazon - https://www.amazon.com/DARKNESS-DOMINION-Devotional-Awareness-Deliverance-ebook/dp/B0FLDH2Y67

- ***Disampaikan daripada Kuasa Kegelapan* (Buku Kulit Paperback)** — Beli Di Sini | Ebook di Amazon

    - **Ulasan Teratas dari Amerika Syarikat:**
        - **Pelanggan Kindle** : "Bacaan Kristian Terbaik!" (5 bintang)

Puji Yesus atas kesaksian ini. Saya telah diberkati dan akan mengesyorkan setiap orang untuk membaca buku ini... Kerana upah dosa ialah maut tetapi kurnia Tuhan ialah hidup yang kekal. Shalom! Shalom!

- **Da Gster** : "Ini buku yang sangat menarik dan agak pelik." (5 bintang)

Jika apa yang dikatakan dalam buku itu benar, maka kita benar-benar ketinggalan jauh dalam apa yang musuh mampu lakukan! ... Satu kemestian bagi sesiapa sahaja yang ingin belajar tentang peperangan rohani.

- **Visa** : "Suka buku ini" (5 bintang)

Ini membuka mata... satu pengakuan yang benar... Baru-baru ini saya telah mencarinya di merata tempat untuk membelinya. Saya sangat gembira dapat mendapatkannya dari Amazon.

- **FrankJM** : "Agak berbeza" (4 bintang)

Buku ini mengingatkan saya betapa sebenar peperangan rohani itu. Ia juga mengingatkan saya tentang sebab untuk memakai "Seluruh Perisai Tuhan".

- **JenJen** : "Semua orang yang ingin pergi ke Syurga - bacalah ini!" (5 bintang)

Buku ini telah banyak mengubah hidup saya. Bersama-sama dengan kesaksian John Ramirez, ia akan membuatkan anda melihat iman anda secara berbeza. Saya telah membacanya sebanyak 6 kali!

- *Bekas Satanis: The James Exchange* (Buku Kulit Lembut) — Beli Di Sini | Ebook di Amazon

- ***KESAKSIAN SEORANG BEKAS SYAITAN Afrika*** - *Pastor JONAS LUKUNTU MPALA* (Buku lembut) — Beli Di Sini | Ebook di Amazon

- ***Eksploitasi Lebih Besar 14*** **(Kulit Kulit) — Beli Di Sini | Ebook di Amazon**

- *Keluar dari Kawah Syaitan* oleh John Ramirez — Tersedia di Amazon

- *Dia Datang untuk Membebaskan Tawanan* oleh Rebecca Brown — Cari di Amazon

Buku-buku lain yang diterbitkan oleh penulis – Lebih 1000 judul

Dicintai, Dipilih dan Sepenuhnya : Perjalanan 30 Hari dari Penolakan ke **Pemulihan** diterjemahkan ke dalam 40 bahasa di dunia

https://www.amazon.com/Loved-Chosen-Whole-Rejection-Restoration-ebook/dp/B0F9VSD8WL

https://shop.ingramspark.com/b/084?params=xga0WR16muFUwCoeMUBHQ6HwYjddLGpugQHb3DVa5hE

Dalam Langkah-Nya — Cabaran WWJD 40 Hari:
Hidup Seperti Yesus dalam Kisah Nyata di Seluruh Dunia

https://www.amazon.com/His-Steps-Challenge-Real-Life-Stories-ebook/dp/B0FCYTL5MG

https://shop.ingramspark.com/b/084?params=DuNTWS59IbkvSKtGFbCbEFdv3Zg0FaITUEvlK49yLzB

YESUS DI PINTU:
40 Kisah Menyayat Hati dan Amaran Terakhir Syurga untuk Gereja-gereja HARI INI
https://www.amazon.com/dp/B0FDX31L9F

https://shop.ingramspark.com/b/084?params=TpdA5j8WP
vw83glJ12N1B3nf8LQte2a1lIEy32bHcGg

JESUS AT THE DOOR
40 HEARTBREAKING STORIES AND HEAVEN'S FINAL WARNING TO TODAY'S CHURCHES
ZACHARIAS GODSEAGLE, COMFORT LADI OGBE, AMBASSADOR MONDAY O. OGBE

KEHIDUPAN PERJANJIAN: 40 Hari Berjalan dalam Berkat Ulangan 28

- https://www.amazon.com/dp/B0FFJCLDB5

Kisah-kisah daripada Orang Sebenar, Ketaatan Sebenar, dan Kebenaran

https://shop.ingramspark.com/b/084?params=bH3pzfz1zdCOLpbs7tZYJNYgGcYfU32VMz3J3a4e2Qt

Transformasi dalam lebih 20 bahasa

MENGENALINYA & MENGENALINYA:
40 Hari untuk Penyembuhan, Pemahaman, dan Cinta yang Berkekalan

https://www.amazon.com/KNOWING-HER-HIM-Healing-Understanding-ebook/dp/B0FGC4V3D9

https://shop.ingramspark.com/b/084?params=vC6KCLoI7Nnum24BVmBtSme9i6k59p3oynaZOY4B9Rd

LENGKAP, BUKAN BERTANDING:
Perjalanan 40 Hari Menuju Tujuan, Perpaduan, dan Kerjasama

https://shop.ingramspark.com/b/084?params=5E4v1tHgeTqOOuEtfTYUzZDzLyXLee30cqYo0Ov9941

https://www.amazon.com/COMPLETE-NOT-COMPETE-Journey-Collaboration-ebook/dp/B0FGGL1XSQ/

KOD KESIHATAN ILAHI - 40 Kunci Harian untuk Mengaktifkan Penyembuhan Melalui Firman dan Ciptaan Tuhan Buka Kuasa Penyembuhan Tumbuhan, Doa, dan Tindakan Nubuat

https://shop.ingramspark.com/b/084?params=xkZMrYcEHnrJDhe1wuHHYixZDViiArCeJ6PbNMTbTux

https://www.amazon.com/dp/B0FHJT42TK

Buku-buku lain boleh didapati di halaman pengarang
https://www.amazon.com/stores/Ambassador-Monday-O.-Ogbe/author/B07MSBPFNX

www.ingramcontent.com/pod-product-compliance
Lightning Source LLC
LaVergne TN
LVHW032024041026
849517LV00008B/2733
* 9 7 9 8 2 9 5 7 0 2 5 1 8 *